Hildegard Strickerschmidt

Hildegard von Bingen – Die Seele altert nicht
Wofür es sich zu leben lohnt

HILDEGARD
STRICKERSCHMIDT

Hildegard von Bingen
Die *Seele* altert nicht

Wofür es sich zu leben lohnt

benno

Mein Dank gilt meinem Mann Klaus, der mir mit großer Liebe und Treue den Rücken frei gehalten hat, dieses und die vielen anderen Bücher zu schreiben.

Bibliografische Information der Deutschen Nationalbibliothek
Die Deutsche Nationalbibliothek verzeichnet diese Publikation in der Deutschen Nationalbibliografie; detaillierte bibliografische Daten sind im Internet unter http://dnb.d-nb.de abrufbar.

ISBN 978-3-7462-5543-9

Umschlaggestaltung: Rungwerth Design, Düsseldorf
Umschlagmotiv: © Bonitas/Shutterstock
Gesamtherstellung: Kontext, Dresden (E)

Inhaltsverzeichnis

Einleitung

Der Titel dieses Buches lässt viele Menschen aufhorchen. Hat man so etwas schon einmal gehört? Die heilige Hildegard schrieb diesen Satz in ihrem Buch der göttlichen Werke, wo ich ihn vor vielen Jahren entdeckte. Er ließ mich nicht mehr los:

„Die Seele altert nicht!“

Stimmt das? Entspricht dieser Satz unseren Lebenserfahrungen? Auf jeden Fall ist er ungewöhnlich und ungewohnt. Ich wollte wissen, wie die Menschen darauf reagieren und erzählte immer wieder davon, dass ich ein Buch mit diesem Titel schreiben wolle. Ich war wirklich gespannt auf die Reaktionen; mit vielerlei Antworten hatte ich gerechnet, aber nicht damit, was ich dann erlebte. Alle Menschen, ganz gleich welchen Alters – mit einer einzigen Ausnahme –, horchten kurz auf, wurden still und lauschten in sich hinein, um dann sehr nachdenklich zu sagen: „Ja, das stimmt.“ Eine innere Sicherheit schwang darin, wurde nicht weiter begründet und schon gar nicht hinterfragt: Ja, das stimmt. Sogar ein zwölfjähriger Junge sagte: „Das stimmt. Die Seele, das ist doch das innere Wesen des Menschen. Das bleibt immer gleich.“ Ähnliche Antworten lauteten: „Das ist doch das Innerste des Menschen. Das ist unsterblich, dann kann es auch nicht altern.“
Ich höre nicht auf, weiter zu fragen, und merke, wie aus meinem Erstaunen langsam eine Überzeugung wurde: Auch in unserer so rationalen, wissenschaftlich und technisch geprägten Zeit haben die Menschen ein inneres Wissen um

ihre Seele, die nicht in die Abläufe von Raum und Zeit eingebunden ist.
Nur ein Arzt fragte nach kurzem Nachdenken: „Seele, was ist das? Gibt es diese überhaupt?“ Ehrlich gesagt, hätte ich ähnliche Antworten häufiger erwartet. Auch dieser Arzt stellte lediglich eine Frage, verwies diese Feststellung aber nicht in den Bereich des Fabulösen.
Von diesen erstaunlichen Erfahrungen ermutigt, beginne ich das Buch.

Hildegard von Bingen, eine weise Frau

Aus einer zeitlichen Distanz von etwa 900 Jahren erreicht uns die prophetische Stimme der „Seherin vom Rhein“ mit verblüffend aktuellen, zeitlos gültigen Erkenntnissen. Ihr Biograf Döllinger sagte: „Die hl. Hildegard ist die größte geistige Erscheinung des christlichen Abendlandes.“ Immer mehr Menschen fühlen sich von ihr angesprochen, wenn auch heute zunächst die geistige Botschaft etwas in den Hintergrund gedrängt wird von ihren Hinweisen auf eine bekömmliche Ernährung, auf natürliche Heilmittel und eine geglückte, sinnvolle Lebensführung. Es schwingt aber immer das Wissen mit, dass „mehr“ dahinter steht: die visionäre Schau von Kosmos, Mensch und Gott, die aber immer geerdet und vernünftig ist. Hildegard betont immer wieder, dass sie eine besondere Begabung erhalten habe, die „Gabe der Inneren Schau“. „Ich sehe einzig mit den Augen meiner Seele, und was ich nicht schaue, das weiß ich nicht, weil ich ungelehrt bin. Denn in dieser Schau werde ich nicht schreiben gelehrt, wie die Philosophen schreiben“ (Brief an Wibert von Gembloux). Genau diesen Eindruck erweckt sie:

Sie kann nicht eingereiht werden in die Diskussionsrunde von Philosophen und Gelehrten, die aus eigenem Nachdenken Schlussfolgerungen ziehen. Sie spricht mit einer selbstverständlichen Autorität, ihre Worte sind kraftvoll und voll Klarheit. Und immer wieder betont sie, dass sie nichts aus sich selbst sagt, sondern nur eine „Posaune Gottes" sei, die das tönt, was in sie hineingesprochen wird.
In ihrem ganzen reichhaltigen Werk bestätigt sich ihre Selbstaussage, dass sie Einsicht erhielt in den innersten Sinn der Heiligen Schriften. Von daher bezieht sie ihre Weisheit. Und sie wird von der himmlischen Stimme aufgefordert: „***Verkünde es also laut und schreibe es auf.***"
Hildegard von Bingen, Benediktinerin und Äbtissin, Mystikerin, Visionärin und „Prophetin Deutschlands", wird heute völlig überraschend wieder neu entdeckt. Papst Benedikt XVI., der sie am 7. Oktober 2012 zur Kirchenlehrerin ernannt hat, sagt über sie: „Heute steht Hildegard in ihrer ganzen kühnen Universalität vor uns ... Sie ist uns daher nahe als eine Frau, die Christus in seiner Kirche liebte, aber nichts von Weltfremdheit oder Ängstlichkeit zeigte, sondern gerade von ihrer Berührung mit dem Geheimnis Gottes her ihrer Zeit das rechte Wort furchtlos und frei zu sagen vermochte. In der Krise des Menschenbildes, die wir durchschreiten, hat Hildegard Wesentliches zu sagen ... So wünsche ich Ihnen fruchtbare Gespräche, damit die Botschaft Hildegards in ihrer unverblassten Aktualität neu gehört und verstanden wird."

Die „Krise des Menschenbildes" ist heute nicht mehr zu übersehen. Papst Benedikt XVI. hat klar erkannt, dass die Botschaften Hildegards genau für unsere Zeit eine „unverblasste Aktualität" besitzen.

In einer alternden Gesellschaft suchen wir nach lebenswerten Zielen. Die spirituelle Sicht der hl. Hildegard hinterfragt manche eingefahrenen Meinungen und verspricht neue Denkimpulse, wie ihre Erkenntnis: ***„Die Seele altert nicht.“***

In diesem Buch werden am Anfang jeden Kapitels Originalzitate Hildegards stehen, die jeweils hervorgehoben sind und dann im Einzelnen besprochen werden.

„Die Seele
hat eine Auseinandersetzung
mit den Kräften der leiblichen Natur,
weil sie den Leib belebt
und durchströmt
und mit ihm gleichsam
wie mit Gefäßen verflochten wird."

„Des Menschen Seele aber,
dieser Geisthauch aus Gott,
hat einen ausdörrenden Reiseweg vor sich,
wie auch die göttliche Weisheit
auf einem ausdörrenden Reiseweg
den Kreis des Himmels umlief.
Mit dieser Weisheit
beginnt der Mensch seine Werke
kraft der sieben Gaben des Heiligen Geistes
und mit Hilfe seiner fünf Sinne
und vollendet sie."

Altern – was ist das?

„Gott schafft den Menschen bis zum Tod immer wieder neu.“

So sieht es die hl. Hildegard. Es entspricht aber auch modernen wissenschaftlichen Erkenntnissen, dass die Körperzellen ständig erneuert werden, es wird dabei von einem 7-jährigen Rhythmus gesprochen. Es ist eine biologische Veränderung, eine Entwicklung, die den Menschen aufbaut bis zu seiner vollen Kraft etwa um das 35. bis 40. Lebensjahr. Wir kennen diesen Einschnitt von den Fußballern; wer über 35 Jahre alt ist, gilt als „alt“. Um diese Zeit beginnt die sogenannte „Midlife-Crisis“, die Krise der mittleren Jahre. Spätestens jetzt wird das Altern ein Thema.

Ewige Jugend – ein uralter Menschheitstraum

Der Wunsch, nicht zu altern, ist so alt wie die Menschheit selbst. In der Mythologie und im Märchen wird von einem „Jungbrunnen“ erzählt, in den alte Menschen – meist sind es Frauen – hineinsteigen und als junge Mädchen wieder herauskommen. Heute verwenden wir den Begriff „Anti-Aging“, der wörtlich „gegen das Altern“ bedeutet. Der Alterungsprozess soll möglichst lange hinausgezögert werden. Dafür werden oft keine Ausgaben gescheut, seien es überteuerte Kosmetika, Schönheitsoperationen, teure Medikamente oder ähnliches. Ernsthaft argumentierende Ärzte weisen auf die Wirkungslosigkeit all dieser

Versuche hin: Die Uhr des Lebens kann nicht zurückgedreht werden.
Das eigene Altern geht unmerklich vor sich. Unvergessen bleibt mir die humorvolle Bemerkung eines Professors, er habe sich gewundert, dass die Studenten immer jünger würden, bis er gemerkt habe, dass er älter werde. Auch gekrönte Häupter erleben es genauso: Von Kaiserin Katharina von Russland wird erzählt, dass sie nach ihrem 50. Lebensjahr wütend die Spiegel zerschlagen habe, weil ihre Qualität so schlecht geworden sei! Von einer 92-jährigen Frau hörte ich nach dem Besuch in einem Seniorenheim: „Da gehe ich nicht mehr hin, da sind ja nur lauter alte Leute." Die Innenwahrnehmung ist: Ich bin doch nicht alt. Ich bin doch immer dieselbe, ich empfinde und erlebe mich immer noch so wie früher. „Die Seele altert nicht."
Das Altern geschieht uns einfach. Wir werden nicht gefragt, ob es uns gefällt. Der geheimnisvolle Prozess des körperlichen Alterns läuft nach einer inneren Gesetzmäßigkeit ab, er lässt sich nicht anhalten und endet mit dem Tod; er ist ein elementarer Bestandteil des Lebens. Und trotzdem wird er bisher in seinen Abläufen weitestgehend nicht verstanden, auch aus wissenschaftlicher Sicht nicht. Er gehört zu den großen Rätseln des Lebens.
Die Haltung des „Anti-Aging", das „Dagegen-Sein", verbraucht unnötig viele Kräfte und endet in einem Misserfolg. Allein auf der Körperebene, wie es heute propagiert wird, lässt sich dieses Problem nicht lösen. Auch gesellschaftliche Events oder teure Urlaubsreisen können uns nicht jung erhalten. Die Angst und die Depression lauern im Hinterhalt. Die Frage drängt sich auf: Was hat das alles für einen Sinn? Wofür ist das alles gut? Was bleibt am Ende übrig? Neuorientierung ist gefragt. Die Seele meldet sich zu Wort.

Neuorientierung

Albert Schweitzer, der Theologe und Arzt, sagte einmal: „Niemand wird alt, weil er eine Anzahl Jahre hinter sich gebracht hat; man wird nur alt, wenn man seinen Idealen Lebewohl sagt."

Der geistige Hunger treibt den Menschen um. Bei aller körperlicher Sattheit droht der heutige Mensch, spirituell zu verhungern. Das Leben wird frag-würdig, und es ist es wert, nachzufragen. Die Mühe lohnt sich, denn die bleibenden Werte liegen nicht auf der Straße. Schatzsucher brauchen einen Filter, ein Netz, um aus dem vielen Geröll und Staub die Goldkörnchen herauszufiltern. Nicht weniger mühsam ist es, die geistigen Schätze des Lebens aus dem großen Berg der Lebenserfahrungen herauszusieben.

Woran können wir uns orientieren? Es stehen uns erstklassige Quellen zur Verfügung, wenn wir Hilfe annehmen wollen: Wegweisung und Trostworte erwarten uns in der Heiligen Schrift. In den Psalmen lesen wir: „Der Gerechte steht in Blüte wie die Palme. Er gedeiht wie die Zedern des Libanon und ist voll Saft und Frische noch im Alter." Im Verständnis der Schrift ist der Gerechte jener Mensch, der sich darum bemüht, sein Tun nach den Weisungen Gottes auszurichten und Gutes zu tun. Hildegard fragt den Menschen: ***„Wen hast du dir zum Ratgeber gesucht? Deine eigene Seele, die sich täuschen und betrügen lässt?"***

Das Außen und das Innen

„Der Leib des Menschen und seine Taten können gesehen werden; viel mehr aber liegt inwendig in ihm, was keiner sieht und keiner kennt.“

Der Volksmund wusste das immer schon: Man sieht die Menschen nur von außen, aber man schaut nicht in sie hinein. Normalerweise nehmen wir die Welt und die anderen Menschen von ihrer äußeren Erscheinung her wahr. Die Außenseite des Lebens bestimmt unsere Wahrnehmung in allen Lebensbereichen, sei es in der Medizin, der Pädagogik und in vielen anderen mehr. Doch diese einseitig materielle Sichtweise löst bei vielen Menschen ein Unbehagen aus. Die geistige Seite, die inneren unsichtbaren Kräfte werden nicht thematisiert, und dadurch entsteht ein Mangelerlebnis. In den letzten fünfzig Jahren beobachten wir mit zunehmendem Wohlstand nicht nur eine Veräußerlichung der Gesellschaft sondern auch eine Verweltlichung und ein Zurückdrängen des christlichen Glaubens.

In dieses religiös-spirituelle Vakuum strömen fernöstliche Heilslehren und esoterische Praktiken ein. Von der Wortbedeutung her meint esoterisch: nach innen gerichtet, das Geheimnisvolle. Es ist die Gegenbewegung zum Materialismus und Rationalismus von Wissenschaft und Technik und das Fehlen von Religion. Dabei werden okkulte und magische Praktiken angewendet, um sich angebliche geheime Mächte nutzbar zu machen, wie Tarot und Orakel jeglicher Art, Horoskope, Astrologie, Handlesen, Wahrsagen, Pendeln, spiritistische Sitzungen, Reinkarnation und

Rückführungen, Engel-Channeling und vieles andere mehr. Den Dingen werden Kräfte zugeschrieben, die sie in Wirklichkeit nicht besitzen, und die man sich verfügbar machen will. Dadurch werden Abhängigkeiten geschaffen, die die Menschen in die Sucht führen. Wo der Glaube an Gott den Schöpfer und Erlöser schwindet, besetzen dunkle Geister und Dämonen seine Stelle.

Sehr betrüblich ist, dass die hl. Hildegard in esoterischen Kreisen verbreitet und mit esoterischen Ideen vermischt wird. Ich musste mit Erschrecken bei Klerikern feststellen, dass bereits die Heilanwendungen von Pflanzen als esoterisch bezeichnet wurden. Mit dieser Unklarheit und Begriffsverwirrung wird vielfach in religiösen Kreisen die Heilkunde der heiligen Hildegard und auch ihre Mystik abgelehnt und in die Esoterik verwiesen.

Dieses schwierige Thema kann an dieser Stelle nicht ausführlich erklärt werden. „Mystik" und „Esoterik" sind insofern verwandt, als es bei beiden um „das Innere" geht. In der Esoterik (und in der Gnostik) will der Mensch mit Hilfe von Okkultismus und Magie über die geheimen Bereiche Erkenntnis erhalten – heute heißt es „Bewusstseinserweiterung", – die normalerweise nicht zugänglich sind. Hildegard von Bingen sagt hierzu ganz klar: ***„Der Mensch soll nicht Dinge zu wissen begehren, die zu wissen ihm nicht gegeben sind."*** Im Gegensatz dazu bedeutet „Mystik" den inneren, seelischen Bereich, in dem Gotteserfahrung geschieht, in dem der Mensch ergriffen wird von dem großen Geheimnis des allmächtigen Gottes. Sein Wort wurde in Jesus Christus Mensch, um den verlorenen Menschen im Dienst der Liebe zu erlösen. Das ist auch der Kern der hildegardischen Mystik. Der Mensch ist Gottes liebstes Kind, der sich aber zu seinem eigenen Glück in die Ordnung Gottes fügen und seine Weisungen beachten muss. Von Hildegard wird jede Art von Okkultismus und Magie streng verurteilt. Sie ist keine Wahrsagerin und hat zu ihren Lebzeiten jegliches derartiges Ansinnen eindeutig von sich gewiesen. Sie versteigt sich in ihrer Mystik nicht in eine sentimentale Innenschau, sondern hat immer einen klaren, realistischen Blick.

„Viel mehr aber liegt inwendig im Menschen, was keiner sieht und keiner kennt."

Zur Innenseite unseres Menschseins ist der Zugang nicht ohne weiteres möglich. Hildegard spricht von einem *„verschlossenen Schatzkästlein"* im Inneren des Menschen. Auch der Blick in das eigene Innere ist verschwommen und wir kennen uns mit uns selbst oft nicht aus. Viel weniger möchten wir, dass andere so leichthin unsere Gefühle und Gedanken lesen könnten; dieser Schutz muss sein. *„So schaue denn, o Mensch, in dich hinein"*, rät uns die hl. Hildegard. Immer wenn wir uns die Zeit und die Ruhe nehmen, mit uns selbst allein zu sein, wird es eine aufregende Entdeckungsreise. Es ist wie eine Ahnung aus einer anderen Welt: *„Die Seele entstammt den himmlischen Harmonien und vergisst ihr Wissen darum nie."* Auf wie viele Weisen zeigt sich das Harmoniebedürfnis, das leider nie wirklich gestillt wird. Leider bringen wir diese leisen Töne aus unserem Inneren durch den äußeren Lärm und die laute Geschäftigkeit häufig zum Schweigen.
Jeder Mensch nimmt dieses innere Wissen wahr und weiß, dass es stimmt: Die Seele altert nicht, auch wenn unser Körper hinfälliger wird. Wir sind mehr als nur unser Körper: *„Der Mensch ist eine Komposition aus Materie und Geist."*

Die Seele ist wie Licht

Wie die hl. Hildegard die Rätsel um den Menschen durchschaut, ist für uns zunächst ungewohnt, manchmal sogar eine Zumutung. Sie hat in ihrer Visionsbegabung den Blick auf das Ganze und gibt uns die Möglichkeit, unsere oft begrenzten und unscharfen Bilder von unserem Menschsein zu korrigieren. Im folgenden Text aus ihrem ersten Werk „Scivias Lucis – Wisse die Wege des Lichtes" wird wie mit einem hellen Scheinwerfer das Bild des Menschen beleuchtet.

Im ersten Buch, 4. Schau schreibt sie:

„Wie das Feuer Licht in die Finsternis ergießt,
so gibt die Seele dem Körper das Leben ...
Denn die Seele, die im Feuer tiefen Wissens glüht,
unterscheidet die verschiedenen Dinge
im Umkreis ihres Begreifens,
sie selbst aber hat nicht die Gestalt menschlicher Glieder,
weil sie selbst weder körperlich noch hinfällig ist
wie der menschliche Leib.
Sie erfüllt das Herz des Menschen,
das gewissermaßen das Fundament des Körpers ist
und den ganzen Leib leitet.
So hält das Firmament des Himmels das zusammen,
was unten ist, und verbirgt das, was oben ist.
Und die Seele berührt auch das Gehirn.
Denn mit ihren Kräften findet sie Geschmack
nicht nur am Irdischen, sondern auch am Himmlischen,
wenn sie auf eine einsichtsvolle Weise Gott kennenlernt.

Und sie ergießt sich in alle Glieder,
denn sie ist es, die dem Mark, den Adern
und allen Teilen des Leibes die Grünkraft verleiht,
ähnlich wie der Baum aus seiner Wurzel
allen Zweigen Saft und Grünkraft spendet.“

Wir wollen dieses Panorama, den Rundblick mit einem großartigen Bild des Menschen Stück für Stück betrachten.

„Wie das Feuer Licht in die Finsternis ergießt,
so gibt die Seele dem Körper das Leben ...“

Nur in symbolischen Bildern kann die Mystikerin Hildegard von Bingen geistige Vorgänge ausdrücken, nur so können wir sie erahnen. Bilder werden von allen Menschen verstanden, dazu braucht man keine Sprache. Die Seele ist wie Licht, hat eine geistige Wesenheit, sie besteht nicht aus Materie. Feuer ist nicht materiell, Feuer ist ein Vorgang, bei dem Energie frei wird. Stellen wir uns das Bild vor: In eine dichte Finsternis bricht plötzlich feuriges Licht ein, das hell macht und erwärmt. Der menschliche Körper ohne Seele ist leblose, kalte Materie. Das erleben wir beim Tod jedes Menschen. Der beseelte Leib aber ist warm und lebendig; die feurige Kraft der Seele erfüllt jede Zelle; diese Lebensenergie durchflutet den ganzen Leib des Menschen und macht ihn lebendig. Die Seele ist eine Lichtenergie. Auch hierfür hat Hildegard ein Bild: Durch die feurige Kraft der Seele wird der Lehm der Erde zu dem Tongefäß der menschlichen Gestalt gebrannt. Der Leib ist das Gefäß der Seele. Und dieses Feuer der Seele bewirkt alle Taten des Menschen: *„Wie Brot auf dem Herdfeuer gebacken wird, so werden die Leistungen des Leibes im brennenden Eifer der Seele vervollkommnet.“*

„Die Seele gibt dem Körper das Leben … sie selbst aber hat nicht die Gestalt menschlicher Glieder, weil sie selbst weder körperlich noch hinfällig ist wie der menschliche Leib.“

In ihrer Vision von Seele und Leib (Sc. 1/4) sieht Hildegard, wie der Mensch entsteht. Sie schaut, wie der menschliche Embryo noch reglos im Schoß der Mutter liegt, und wie sich die verschiedenen Organe und Glieder entfalten. Dann kommt ein Augenblick, den wir nicht kennen, in dem aus dem göttlichen Bereich eine feurige Kugel – die nicht die Umrisse des Körpers hat – in diesen kleinen Körper einfließt und ihn lebendig macht. Nun spürt die Mutter die ersten Regungen des Kindes.

Hildegard schaut die Seele wie eine feurige Kugel, die aus dem Glanze Gottes fließt. Für mich sehr spannend ist in diesem Zusammenhang der Bericht einer lieben Freundin über ihr Nahtoderlebnis. Sie sah ihren leblosen Körper auf dem Bett liegen; sie selbst aber erfuhr sich wie eine Kugel, die darüber schwebte und die auch durch die Wand in das Nebenzimmer gelangte. Sie hörte dabei auch die Worte des Arztes, der diese nach ihrer Reanimation bestätigte. Die Kugel ist bei Hildegard auch ein Symbol für Gott in seiner Ewigkeit und Vollkommenheit.

Wieder stoßen wir auf das Geheimnis einer Geist-Seele, die ihrem Wesen nach eine andere Qualität hat als der Leib. Sie hat eine geistige Wesenheit. Die feurige Kraft der menschlichen Seele ist keine natürliche Energie, sondern eine Kraft aus dem göttlichen Bereich. Obwohl sie aufs Engste mit den körperlichen Organen verbunden ist, unterliegt sie nicht den Gesetzen der Natur.

„Denn die Seele, die im Feuer tiefen Wissens glüht, unterscheidet die verschiedenen Dinge im Umkreis ihres Begreifens …“

Die Seele „glüht im Feuer tiefen Wissens“. Die Sprache der Bilder Hildegards ist gewaltig. In unserem Sprachgebrauch kennen wir den Ausdruck „Feuer und Flamme sein“. Ich bin Feuer und Flamme, wenn ich für eine Sache begeistert bin. Ich „brenne darauf“, wenn ich etwas unbedingt tun will. Auch das Wort „fasziniert“ heißt dem Wortsinn nach: Mir brennt das Gesicht, ich bin heiß auf etwas.

Die Seele hat Vernünftigkeit und Unterscheidungsfähigkeit. Immer wieder betont Hildegard diese Fähigkeiten als die herausragende Begabung des Menschen. Der Mensch wurde von Gott ausgezeichnet mit der „Goldkrone des Verstandes“. Jeder Mensch hat ein eingegebenes inneres Wissen, das in ihm „glüht“, das ihn nicht kalt lässt. In der Heiligen Schrift spricht Gott: „Ich habe mein Gesetz in dein Herz gepflanzt …“ In Hildegards gesamtem Werk zieht sich dieser Grundgedanke durch: Der Mensch weiß im innersten Herzen, was gut ist, auch wenn er es nicht tut.

So unterscheidet die Seele auf vernünftige Weise, aber mit Feuer und innerem Eifer, über sämtliche Bereiche des Lebens, *„im Umkreis ihres Begreifens“*. Sie sorgt sowohl für die inneren Belange, das Wohlergehen ihres Leibes, weil sie weiß, was der Leib braucht, als auch für die äußeren Aufgaben, die der Mensch erfüllen muss, für die Mitmenschen und für die anderen Mitgeschöpfe. Weil die Seele aus dem geistigen, göttlichen Bereich stammt, will sie immer mit Gott, ihrem Ursprung, verbunden sein, damit sie zusammen mit ihrem Leib das Richtige und das Gute tun kann.

„Die Seele erfüllt das Herz des Menschen, das gewissermaßen das Fundament des Körpers ist und den ganzen Leib leitet. So hält das Firmament des Himmels das zusammen, was unten ist, und verbirgt das, was oben ist.“

Das Herz ist der Sitz der Seele – so haben es die Menschen immer schon gespürt. Die Kraft, die das Herz antreibt, ist die zentrale Kraft im ganzen Organismus, denn der Blutkreislauf wird von hier gesteuert. Das Blut ist der Lebenssaft, der den ganzen Leib durchflutet. Der Kreislauf kann von uns nicht willentlich beeinflusst werden; beim gesunden Menschen laufen die inneren Vorgänge des Organismus unbewusst und unbemerkt ab. Wenn wir uns gelegentlich dessen bewusst werden, dass das Herz vom ersten bis zum letzten Atemzug unseres Lebens unaufhörlich schlägt – schon eine kleine Pause ist lebensbedrohlich –, kann uns die Vorstellung dieser Leistung überwältigen. Der Herzmuskel, ein Hohlmuskel, stellt in seinem hochkomplizierten Aufbau und in seiner Funktion eine absolut einmalige Sonderform im ganzen Organismus dar; er kann nicht bewusst gesteuert werden. Eine verblüffende Besonderheit sind sogenannte „Glanzzellen“, die das Licht brechen, den Muskel stabilisieren und die Kraft von einer Zelle zur anderen übertragen. Ein ausgeklügeltes, bis in die feinsten Vorgänge differenziertes System für eine lebenslange Leistung!
Nicht von ungefähr bringt Hildegard den Vergleich mit dem Firmament und den gewaltigen Kräften des Universums, die alles zusammenhalten, damit die Erde einen gesicherten Lauf hat. Einen Hinweis auf die unsichtbare Wirkkraft der Seele sollen wir darin erkennen, dass für uns genauso

verborgen ist, was sich in den Weiten des Universums abspielt. *„Der Mensch ist ein Kosmos im Kleinen“.*

„Und die Seele berührt auch das Gehirn.
Denn mit ihren Kräften findet sie Geschmack
nicht nur am Irdischen, sondern auch am Himmlischen,
wenn sie auf eine einsichtsvolle Weise Gott kennenlernt.“

An zweiter Stelle nach der Seele als Kraft des Herzens und fundamentale Voraussetzung für das menschliche Leben kommt das Gehirn. Es ist die hochdifferenzierte Zentrale von Milliarden von Nervenzellen (Neuronen, reizleitende Zellen) zur Speicherung und zum Austausch aller Informationen, die im Organismus für alle geistigen, mentalen und körperlichen Funktionen benötigt werden. Die Gehirnforschung steht so lange vor unlösbaren Rätseln, wie sie nur danach forscht, ob und wie sich die geistigen Fähigkeiten aus den Gehirnzellen entwickeln.
Auf eine erstaunliche Weise bestätigen Ergebnisse der Gehirnforschung in moderner wissenschaftlicher Sprache die Aussagen der hl. Hildegard. Ich verweise dabei auf Prof. Dr. Joachim Bauer, Psychiater und Psychotherapeut, und sein Buch: Das Gedächtnis des Körpers – Wie Beziehungen und Lebensstile unsere Gene steuern. Er stellt darin fest:
„Geistige Tätigkeit, aber auch Gefühle und Erlebnisse in zwischenmenschlichen Beziehungen, haben im Gehirn biologische Veränderungen zur Folge, über die wir bis ins Detail hinein inzwischen einiges wissen. [...] Da alles, was wir geistig tun, seelisch fühlen und in Beziehungen gestalten, seinen Niederschlag in körperlichen Strukturen findet, macht [...] eine Medizin für ‚Körper ohne Seele‘ ebenso wenig Sinn wie eine Psychologie für ‚Seelen ohne Körper‘ ... (S. 8).

„Einer der faszinierendsten Aspekte der Hirnfunktion ist die Umwandlung von Erlebniseindrücken in biologische Signale [...] Mit den Nervenzell-Systemen der fünf Sinne wahrgenommene zwischenmenschliche Situationen werden vom Gehirn fortlaufend in biologische Signale verwandelt. [...] Obwohl unser Denken und Fühlen nicht in unserem subjektiven Erleben erscheinen könnte, wenn es nicht von Netzwerken unserer Nervenzellen ins Erleben hineingehoben würde, haben unsere Gefühle und Gedanken ihre völlig eigene Welt. [...] Was ein Mensch fühlt, wird sich niemals mit neurobiologischen Mitteln beschreiben lassen (die Neurobiologie wird nur herausfinden, welche biologischen ‚Utensilien' vorhanden sein müssen)" (S. 39).

Die Erkenntnisse Hildegards und der Wissenschaft

Damit die Geistseele wirken kann, werden im Körper die „biologischen Utensilien" bereitgestellt wie Nervenzellen, Gehirnzellen, Gene, Neurotransmitter und unzählige andere. Was der Mensch denkt, was er fühlt, was er im täglichen Umgang mit anderen Menschen erlebt, verändert ständig die biologischen Abläufe in unserem Organismus. Die Schaltstelle ist dabei das Gehirn, von dem die Impulse auf alle anderen Organe gesendet werden. Eine Aufregung zum Beispiel kann, wie wir alle wissen, ein plötzliches Herzklopfen oder Herzschmerzen, einen Schweißausbruch, Magenschmerzen bis hin zu Magenkrämpfen, weiche Knie und andere Körpersymptome auslösen. Die seelischen Ursachen und die körperlichen Reaktionen lassen sich nicht gesondert betrachten. Der Leib ist das Ausdrucksfeld der Seele.
Gefühle und Gedanken haben ihre völlig eigene Welt, das

ist die Sprache der Wissenschaft. Den Inhalt der Gefühle und Gedanken zu erfassen, ist nicht Absicht der Naturwissenschaft.

„… die Seele findet Geschmack nicht nur am Irdischen, sondern auch am Himmlischen, wenn sie auf eine einsichtsvolle Weise Gott kennenlernt.“

An einer Sache Geschmack finden – wir wissen sicher, was damit gemeint ist. Wenn mir das Essen schmeckt, ist das ein sehr wohliges Gefühl. Ich nehme etwas in mich auf, was mir gut bekommt, was mich erquickt. Hildegard sagt, dass die Freude am Essen die Grundlage jeder Lebensfreude ist. Eine etwas andere Färbung hat der Ausdruck „an einer Sache Geschmack finden“. Es bedeutet mehr als nur an etwas interessiert sein. Ich bin innerlich bewegt, erfreut und hochgestimmt. Jeder Mensch hat dazu seine eigenen Erfahrungen, die zu den wertvollen des Lebens gehören.
Und nun weiß Hildegard, dass die Seele Geschmack am Himmlischen findet, wenn sie sich darauf einlässt, Gott kennenzulernen. Das geht aber nur, wenn jemand die Stille sucht. In der letzten Zeit werden vermehrt Meditationen angeboten. Allen äußeren Lärm, alle störenden Gedanken ausschalten, um in der eigenen Mitte anzukommen. Einfach ganz da sein, ganz bei sich sein. Das ist eine wunderbare Erfahrung. Von der Seele aus breitet sich eine Ruhe im ganzen Leib aus, Verspannungen lösen sich und der Atem kann tief und ruhig fließen. Bei einer Veranstaltung fragte ich den katholischen Theologen Prof. Dr. Josef Sudbrack († 2010), welches denn der Unterschied zwischen der fernöstlichen und der christlichen Meditation sei. Seine Antwort begleitet mich mein ganzes Leben. „In der fernöstlichen

Meditation komme ich zu mir selbst und ruhe in meiner Mitte. In der christlichen Meditation komme ich in meine Mitte und dann öffne ich mich zu Gott hin. Christliche Meditation ist Begegnung."

Wer das erlebt, kann erahnen, was die hl. Hildegard als Mystikerin damit meint, Geschmack daran zu finden, Gott kennenzulernen.

***„Und die Seele ergießt sich in alle Glieder,
denn sie ist es, die dem Mark, den Adern
und allen Teilen des Leibes die Grünkraft verleiht."***

Beim griechischen Philosophen Aristoteles wird die Seele mit dem Wort „Psyche" bezeichnet. In der Bibel steht das Wort „Nefesch" für Lebenskraft. Heute kennen wir mit dem Eindringen fernöstlicher Heilmethoden auch die Worte Ki oder Chi für Lebenskraft. Für die naturwissenschaftliche Medizin ist dieser Begriff als nicht materielle Kraft fremd, weshalb er auch häufig in die Esoterik verwiesen wird. Hildegard von Bingen nennt diese Kraft „viriditas", die Grünkraft. Wir kennen das Wort „viril" für frisch, jung, quicklebendig. Grünkraft ist somit die Lebensenergie schlechthin.

„Deshalb hat die vernünftige Seele eine gewisse Grünheit in ihrem Vermögen, mit welcher sie die Weichheit der Gewebe und die Derbheit der Knochen und alle Gefäße durchdringt ... Die Seele ist die grünende Kraft im Leibe; sie wirkt mittels des Leibes und der Leib mittels der Seele. Und die Seele hat ihre Freude daran, im Leib schöpferisch tätig zu sein. Der Leib aber ist ein geschaffenes Werk. Die Seele ist die Grünkraft des Fleisches, weil der Leib des Menschen durch sie wächst und gedeiht, wie auch die Seele durch die Feuchtigkeit des Leibes fruchtbar wird."

Haben wir bisher einzelne Organe betrachtet, in denen die Seele wirkt, so werden wir jetzt hineingenommen in den Fluss des Lebens in unserem ganzen Leib. Wir spüren das kraftvolle Drängen der Lebenskraft in diesem Text mit viel Grünkraft, Grünheit, Schaffenskraft, mit Fruchtbarkeit und Feuchtigkeit, mit Wachsen und Gedeihen. Und das alles geschieht mit großer Freude und schöpferischer Lebenslust. Dagegen wirken die wissenschaftlichen, theoretischen Abhandlungen über die Körpervorgänge farblos und kraftlos. In ihrer Schau erfährt die hl. Hildegard die große Freude, als Mensch mit Seele und Leib leben zu dürfen.

„Ähnlich spendet der Baum aus seiner Wurzel allen Zweigen Saft und Grünkraft.“

Immer wieder verwendet Hildegard die Vergleiche aus der Natur. Es kann wohl niemand schlüssig behaupten, es gäbe keine grüne Lebenskraft. Bricht nicht jedes Frühjahr eine nicht zu bändigende Lebenskraft aus der kalten Erde und verzaubert innerhalb kurzer Zeit unsere Welt mit frischem, lebendigem Grün? Auch dicken Asphalt durchbrechen die Pflanzen und drängen ans Licht. Hildegard stellt uns den Vergleich mit dem Baum vor Augen. Während des Winters scheinen die Bäume wie abgestorben, sie recken die trockenen Äste in den Himmel. Von außen völlig unbemerkt beginnt dann im Dunkel der Erde eine Bewegung: Aus den Wurzeln zieht der Baum mit großer Kraft einen Saft in den Stamm und in die Äste und lässt dadurch den Baum mit Hilfe des Sonnenlichtes in vieltausend Blättern ergrünen. Das Blattgrün (Chlorophyll) gehört zu den unzähligen Geheimnissen unserer Welt; es ist bisher nicht gelungen – und wird auch weiterhin nicht gelingen –, das Blattgrün mit seiner Eigenschaft, aus Licht durch Fotosynthese Sauerstoff zu erzeugen, künstlich herzustellen.

Die ***viriditas***, die ***Grünkraft***, ist bei Hildegard ein Schlüsselbegriff für alle Bereiche des Lebens, für Leben schlechthin. In ihrer Vision hört sie Gott sprechen:
„Ich, die höchste und feurige Kraft, habe alle Funken von Leben entzündet ... Mit jedem Lufthauch, wie mit unsichtbarem Leben, erwecke ich alles zum Leben. Ich bin auch die Vernunft, die den Hauch des tönenden Wortes in sich trägt ... Die Luft lebt im Grünen und Blühen ... Denn ich bin das Leben" (LDO, 3).
Alles Lebendige lebt von dieser grünen Lebenskraft, angefangen vom Grün der Natur, über die Grünkraft der Seele, die lebensschaffende Zeugungskraft des Menschen, bis in den geistigen Bereich Gottes hinein. Vor diesem Geheimnis werden wir immer staunend stehen, ohne es wirklich begreifen zu können. Im Kanon der heiligen Messe betet der Priester: „O Gott, durch deinen Geist erfüllst du die Schöpfung mit Leben und Gnade." Genauso wie der Geist Gottes als unsichtbare Kraft die Schöpfung lebendig macht, macht auch die unsichtbare Seele ihren Leib mit sich lebendig. Sie ist die Grünkraft des Leibes, und diese Kraft ist vernünftig. Deshalb wohnt in allen Organen die Vernunft.

„Die Seele ist das Schwingvermögen des Atems."
Sie ist der Geisthauch aus Gott.

Wieder einmal sehen wir, wie sicher Hildegard in der Heiligen Schrift verwurzelt ist. In der Genesis, der Schöpfungsgeschichte, lesen wir: „Gott schuf den Menschen aus dem Lehm des Ackerbodens, und er blies in seine Nase den Lebensatem. So wurde der Mensch zu einem lebendigen Wesen“ (Gen 2,7). Bei Hildegard heißt es, exakt übersetzt: Die Seele ist ein ***„Häuchlein“***. So lange der Mensch atmet, ist Leben in ihm, er kommt in Schwingung. Der Atem ist Leben und Bewegung. Wenn die Seele aus dem Körper schwindet, atmet der Mensch nicht mehr.

In zahlreichen alternativen Heilverfahren wird heute der Atem in die Therapie einbezogen. Die zugrundeliegende Idee ist bei verschiedenen Methoden sehr ähnlich: Über eine bewusste Wahrnehmung des Atems bis hin zu gezielten Atemübungen kann eine Harmonisierung des Menschen erreicht werden. Über den Atem soll das innerste Wesen beeinflusst und krankmachende Blockaden abgebaut werden, soll eine neue Wahrnehmung des beseelten Körpers mit seiner Psyche erreicht werden. In allen Ebenen des Menschseins – körperlich, seelisch, geistig – wird durch ihre gegenseitige Durchdringung eine Entwicklung zu mehr Bewusstheit möglich.

In diesen Tendenzen sehen wir eine sehr große Nähe zu den Erkenntnissen der hl. Hildegard, vermissen aber die transzendente Dimension. In ihrer Schau ist die Seele nicht nur Trägerin des Atems, sie existiert als Geisthauch aus Gott ihrem Wesen nach, als unendliches Leben.

Atemtechnik und Bewusstheit können zwar gute Vorbedingungen für einen freien Atem schaffen. Die Schwungkraft eines freien Atems kommt aber aus der Seele, aus einer tiefen Dankbarkeit für Gottes Hilfe in Schwierigkeiten, für eine ungeheuchelte Freundschaft, für das Erlebnis eines Sonnenaufgangs und viele andere Dinge.

Sind Sie auch schon einmal am Morgen mit Freude und Dankbarkeit für den neuen Tag vor das geöffnete Fenster oder auf den Balkon getreten, haben die Arme weit ausge-

streckt und ganz tief die frische Morgenluft eingeatmet, um sich dann zu bücken, um alle verbrauchte Bettluft auszuatmen? Jeder tiefe Atemzug ist ein Lob für den Schöpfer, der mich damit neu aufleben lässt. Leben ist Bewegung, Atmung, Veränderung. Das ist keine Frage der Jugend oder des Geldbeutels. „Jugend ist nicht ein Lebensabschnitt – sie ist ein Geisteszustand; sie ist Schwung des Willens, Regsamkeit der Fantasie" (Albert Schweitzer).
Der geistige Impuls ist da! Leben des Atems. Auch bei einer künstlichen Beatmung dürfte dieser Impuls nicht vergessen werden. Wir erleben immer wieder, wie auch scheinbar bewusstlose Menschen auf hoffnungsvolle Gedanken positiv reagieren.

Das bedeutet, dass die vernünftige Seele in ihrer Ebenmäßigkeit als unendliches Leben existiert.
Durch das Wachstum des Körpers gewinnt die Seele nichts dazu, noch schwindet sie, wenn der Körper vergeht.
Und so bewegt die Seele sichtbar ihren Leib,
dem sie unsichtbar durch die Kraft Gottes eingegossen wird.
Wie aber der Wind das Feuer zum Entflammen bringt,
so bewegt auch die Vernünftigkeit die Seele des Menschen und erleuchtet sie."
(Buch der göttlichen Werke, 4. Schau)

Die Seele und die Lebensalter

Wie sollen wir das verstehen: Die Seele altert nicht? Entwickelt sie sich nicht von der kindlichen, einfachen Erlebnisweise bis zum Erwachsenenalter? Wird ihre Kraft und ihre Weisheit nicht größer in der Mitte des Lebens, wenn der Mensch im Vollbesitz seiner Kräfte ist? Lassen das Denkvermögen und die Reaktionen im Alter nicht nach, wie wir es in erschreckender Weise bei dementen Menschen erleben? Wir selbst sind uns das größte Rätsel, und die Philosophen und die Weisen aller Zeiten und Kulturen versuchten, darauf eine Lösung zu finden.

In den bisherigen Betrachtungen versuchten wir, einen Zugang zu den komplizierten Beziehungen zwischen dem materiellen Leib und der Geistseele zu finden, wie es die hl. Hildegard in ihrer „Inneren Schau“ erfahren hat. Die Seele braucht ihren Leib, um etwas Gutes zu bewirken und um in der Erkenntnis zu reifen. Sie ist auf die Kräfte des Leibes angewiesen, die ihr zur Verfügung stehen. Deshalb verfügt sie in den verschiedenen Lebensaltern über verschiedene Möglichkeiten, sind ihr aber auch entsprechende Grenzen gesetzt.
Hören wir, was Hildegard dazu sagt:

„Die Seele zeigt entsprechend den Kräften des Leibes ihre Fähigkeiten.
So zeigt sie in der Kindheit des Menschen die Einfalt,
in der Jugend die Tatkraft
und im Erwachsenenalter, wenn alle Adern des Menschen gefüllt sind,
gibt sie ihre stärksten Kräfte in der Weisheit zu erkennen.

So ist auch der Baum bei seiner ersten Knospe zart,
dann setzt er Frucht an,
und bringt diese schließlich zur Fülle der Nützlichkeit.

Später jedoch, im Greisenalter des Menschen,
wenn sein Mark und seine Adern schon beginnen, schwach zu werden,
werden die Kräfte der Seele langsamer,
zeigt die Seele mildere Kräfte, gleichsam aus Überdruss am Wissen des Menschen.
So zieht sich ja auch der Saft des Baumes vor Beginn des Winters
in den Zweigen und Blättern zusammen,
und der Baum beginnt sich zu krümmen.“
(Sc. 1/4, 17)

Betrachten wir wieder diesen kompakten Text Hildegards in kleinen Etappen und überprüfen ihn auf seine Brauchbarkeit für unser Leben.

„Die Seele zeigt entsprechend den Kräften des Leibes ihre Fähigkeiten.“

Die Seele kann nicht ohne den Leib und der Leib nicht ohne die Seele sein. Wenn wir einen Zugang zu diesen Zusammenhängen für den modernen Menschen suchen, bietet sich die hochkomplizierte Maschine eines Computers an. Der Computer besteht einerseits aus der Rechenmaschine mit unzähligen Chips und Verdrahtungen, in denen der elektrische Strom fließen und die Informationen weitergeben kann. Das ist die sogenannte Hardware. Doch jeder weiß, dass damit allein kein Computer

funktionsfähig ist, genauso wenig wie der Körper allein funktioniert.
Die sogenannte Software, das „Gehirn“ des Rechners liefert die Impulse, um das Programm zum Laufen zu bringen; aber die Software braucht auch die Maschine, wie die Seele ohne Leib nichts tun kann. Bei einer schadhaften Maschine kann das beste Programm nichts bewirken. In diesem Vergleich stellt der Körper die Utensilien bereit, die die Seele braucht, um wirken zu können.
Der große Unterschied zwischen Rechner und Mensch besteht darin, dass beim Rechner der Mensch die Programme entwirft, während sich der Mensch von Anfang an bereits als hochintelligent durchdachtes Lebewesen vorfindet. Bei aller Bewunderung für die erstaunlichen Leistungen der Techniker und IT-Fachleute kann ein Computer immer nur so viel, wie ihm der Mensch eingegeben hat. Die Grundlage der Programmiersprache sind die Zahlen 0 und 1. Ein Diplominformatiker sagte mir einmal: Der Computer ist „saudumm“. Er kann nur auf 0 und 1 zählen. Die heute kursierenden Hypothesen, dass einmal die künstliche Intelligenz die menschliche Intelligenz überholen oder überflüssig machen könnte, werden von Fachleuten nur belächelt.
Die menschliche Geist-Seele hat keinen natürlichen Ursprung, sie hat das Selbstbewusstsein und freien Willen und übertrifft damit alle anderen lebendigen Wesen. Sie ist nicht vom Menschen, sondern von Gott programmiert. Gleichwohl ist sie an die natürlichen Grenzen des Leibes gebunden. Die Seele kann nur insoweit etwas bewirken oder neue Erfahrungen sammeln, insofern die körperlichen Voraussetzungen gegeben sind.

„Die Seele zeigt in der Kindheit des Menschen die Einfalt ...“

Ich liebe Kinder sehr. Sie sind so offen, kennen keinen Hinterhalt und reagieren spontan. Der Volksmund sagt, dass man den Kindern alles an der Nasenspitze und an den Ohrläppchen ansieht. Glücklicherweise konnte ich mich zur Diplom-Heilpädagogin ausbilden und durch die spezielle Förderung eines Psychologen in die sogenannte Nicht-direktive-Spieltherapie einführen lassen. Dabei dürfen Kinder mit verschiedensten Verhaltensauffälligkeiten mit bereitgestelltem ausgewähltem Spielmaterial agieren, ohne dass der Therapeut eingreift. Die Kunst besteht darin, zu verstehen, was das Kind im Spiel ausdrückt, um entsprechend darauf zu reagieren. Es war immer wieder erstaunlich, wie gut die Kinder ihre Gefühle und die sozialen Beziehungen in der Familie erfassen und sie in der bildlichen Sprache des Spiels ausdrücken konnten. Sie täuschten sich nie und es war immer ganz einfach. Die hl. Hildegard sagt:

„So wirkt auch die Seele voller Freude in der Kindheit, die weder Arglist noch fleischliche Lust kennt, und die Seele wird nicht erschüttert, indem sie etwa gegen die Natur wirkt. In dieser Kindheit mit ihrer einfachen und unschuldigen Sehnsucht tritt die Seele als stark und mächtig hervor.“

Ergreifend war für mich immer, mit kleinen Kindern in eine leere Kirche zu gehen. Sie waren gleich von der heiligen Atmosphäre innerlich ruhig und in einer besonderen Weise aufmerksam. Die Seelen der Kinder sind wachsweich, erleben sehr intensiv und verstehen sehr viel. Es ist eine einfache Weisheit mit viel Klarheit und Unbestechlichkeit, die sie oft mit einer bildhaften Sprache ausdrücken.

Leider leben die Erwachsenen in ihrer eigenen Welt, lassen die Kinder außen vor und sagen: Ach, die verstehen es doch nicht! Dadurch entgehen auch den Erwachsenen viele Chancen, um durch und mit den Kindern mehr Erkenntnis, Liebe, Wärme und Freude zu erleben. Eine besondere Beziehung zu den Kindern haben oft Oma oder/und Opa, die nicht mehr im Stress des Alltags stehen und den Kindern im Erleben näher sind.

„... in der Jugend zeigt die Seele die Tatkraft ...“

In der Pubertät, früher Sturm- und Drangperiode genannt, werden starke Kräfte frei, die der junge Mensch – und auch die Eltern – kaum im Zaume halten können. Das ist für alle Beteiligten eine sehr anstrengende Zeit. Die Seele muss sich dann mit diesen körperlichen Kräften auseinandersetzen. Der junge Mensch wird ungebärdig, frech, schlägt über die Stränge – er kennt sich selbst nicht mehr. Er ist nicht mehr das Kind, das er war, er weiß aber nicht, wer oder wie er werden soll. Die Seele ist traurig, weil durch ihre Kräfte das alles ausgeführt wird und sie es nicht verhindern kann. Starke Stimmungsschwankungen und Vorwürfe quälen den jungen Menschen, weil er voller Schrecken wahrnehmen muss, zu welchen Taten er fähig ist. Einmal beunruhigen ihn sexuelle Wünsche, dann wieder bläst er sich in seinem Drang nach Geltung und Anerkennung auf und will immer der Klügere sein, auch um den Preis einer Lüge. In diesen Stürmen bedrängt das Wissen der Seele den jungen Menschen, er wird innerlich „zusammengestaucht“. Damit ist wohl gemeint, dass er spürt, dass vieles von dem, was er tut, nicht richtig ist, und er sich vor sich selbst schämt. Gleichzeitig legt er sehr strenge Maßstäbe an das Verhalten der Eltern bzw. der Erwachsenen an und provoziert sie mit seiner Frechheit. Das ist zugleich eine Probe auf die Echtheit und Standfestigkeit der Eltern, die er dann auch vorschnell verurteilt.

„Und dann hat die Seele in ihm eine wehklagende und jammernde Stimme, weil der Schmerz über ihre Sünden mehr und mehr zunimmt ... denn es fallen sowohl die guten als auch die schlechten Dinge auf sie zurück, weil durch ihre Kräfte alles ausgeführt wird ... Deshalb bewegt die Seele den Menschen zur Buße ...“ Dieses innere Wissen quält den jungen Menschen; die Seele erleidet durch den Schmerz über die „schlimmen Taten“ einen geistigen Hunger. Und *„dieser Hunger vergeht durch die Früchte der guten Werke, wie wenn die Blüten abfallen.“*

„... und im Erwachsenenalter, wenn alle Adern des Menschen gefüllt sind, gibt die Seele ihre stärksten Kräfte in der Weisheit zu erkennen.“

Ein Mensch im Vollbesitz seiner Kräfte kann mit seinen Fähigkeiten sein Leben gestalten und hat Freude daran, die Welt zu erforschen und zu verstehen. *„Der Mensch ist ein geschaffenes Werk, das selbst wieder schöpferisch tätig sein kann.“* Schon als Kind war ich fasziniert von Menschen, die ihren Beruf mit ganzer Hingabe ausübten und die sich sichtbar daran freuten, was sie geschaffen hatten. Da war der Bildhauer in der Steinmetzwerkstatt meines Onkels, unter dessen Händen ganz geheimnisvoll die Figuren aus dem Stein wuchsen, oder der Bäcker in der Nachbarschaft, der die gut geratenen Brote mit sichtlicher Freude aus dem Ofen zog. Nicht vergessen werde ich auch den Musikalienhändler, der mir auf seiner Gitarre ganz in sich versunken ein Stück

von Mozart vorspielte, als ich eine Gitarrensaite kaufen wollte. Wie glücklich der Mensch, der seine Vorlieben, Stärken und Interessen entfalten und verwirklichen kann.
„Darum wird der Mensch wegen der Werke seiner Hände oft gelobt ... Auch hat er das Wissen in sich, dass er diejenigen Dinge aussondern kann, die gefährlich und unnütz sind, und die guten und nützlichen einsammeln. Die Hände vollenden ihre löblichen Verrichtungen kraftvoll und rechtschaffen, einem Künstler gleich, der aus seiner künstlerischen Begabung heraus alle Teile seines Hauses so aufrichtet, dass er in ihnen sein ganzes Wesen weise sichtbar machen kann" (LDO, 4).

Ich erinnere mich nicht, dass ich in meinem langen Leben eine so positive, kraftvolle, aufmunternde und dabei absolut realistische Sicht des Menschen gefunden hätte wie bei Hildegard von Bingen. Der Mensch ist das einzige Geschöpf, das die Gabe der Unterscheidung von gut und böse, falsch und richtig, gerecht und ungerecht, nützlich und unnütz hat. Aber nur mit einem guten Selbstbewusstsein ist der Mensch in der Lage, seine Anlagen und Fähigkeiten zu erkennen und zu entfalten. „Das kannst du!" Glücklich derjenige, der Menschen trifft, die ihm wohlwollend gesinnt sind und ihm Mut machen; schlimm für denjenigen, der hören muss, dass er etwas nicht versteht und das ja doch nicht schafft. Schon ein einziger Mensch, der meine Fähigkeiten erkennt und mich bestärkt, kann mein Leben entscheidend beeinflussen.
Die hl. Hildegard hat ihr sicheres Wissen über die wunderbare Ausstattung des Menschen aus ihrer göttlichen Schau. Immer wieder betont sie, dass die Seele als ein Geisthauch aus Gott weiß, dass Gott über alles geliebt werden muss, weil sie aus ihm stammt.

„Sie (die Seele) lässt auch die Werke des Menschen wie Funken aufleuchten, weil der Mensch durch sie wie durch einen Funken erhellt wird.“
Aber sie weiß auch, dass der Mensch durch die Entfernung von Gott schwach geworden ist und anfällig für das Böse. Wertlose Taten mischen sich unter die nützlichen. Ehrlichkeit sich selbst gegenüber ist gefordert, wenn es auch schwerfällt. Die Seele hungert nach der Gerechtigkeit Gottes und beugt den Menschen nieder, *„bis er seine Sünden erkennt und darüber Tränen der Reue vergießt.“* Dieser Hunger der Seele, der auch den Leib schwächt, vergeht erst wieder durch die Früchte der guten Taten.

„So ist auch der Baum bei seiner ersten Knospe zart, dann setzt er Frucht an, und bringt diese schließlich zur Fülle der Nützlichkeit.“

Jedem Menschen sind diese Bilder aus der Natur eingängig. Der Saft im Inneren des Baumes treibt die Blätter und Blüten nach außen und bewirkt mit Hilfe des Sonnenlichtes, dass der Baum überreiche Frucht trägt. Es tut uns sehr gut, unsere Sinne zu öffnen für dieses sich ständig wiederholende Wunder der Fruchtbarkeit, ob es ein Apfelbaum, eine Buche, ein Weinstock oder ein anderer Baum ist. Wenn wir es zulassen, werden wir überwältigt von der unglaublichen Fülle der Früchte. In diesem Vergleich können wir auch verstehen, dass jede Phase des Lebens ihre eigenen Bedingungen braucht und bestimmte Aufgaben hat, die nur in dieser Zeit erfüllt werden können. Die Knospen können sich nur zur Blüte öffnen, wenn die Luft lau und der Wind sanft ist, wenn nicht Frost und Unwetter das zarte Leben vernichten. Wer als Kind nicht die verlässliche Beziehung eines Menschen mit warmherziger Zuwendung erfahren konnte, wird es besonders schwer haben, in der Pubertät ein stabiles Selbstbewusstsein zu entwickeln. In der Jugendzeit werden die Erwachsenen mit scharfem Blick beurteilt, ob sie echt sind, ob sie das wirklich sind, was sie zu sein vorgeben. Ein einziger Mensch, der sich wirklich bemüht, seine Ideale zu leben, kann entscheidend sein für die Charakterentwicklung des jungen Menschen. Diese Chance ist zeitlich begrenzt und kann auch vertan werden.

Ein Lebensalter baut auf dem anderen auf. Ein einleuchtendes Beispiel ist die Zwiebel: Die Schalen legen sich um einen Kern, dessen Form mit jeder neuen Lage sichtbar bleibt. Die Weichen des Lebens werden schon sehr früh gestellt. Im Volksmund heißt es: Früh krümmt sich, was ein Häkchen werden will. Je früher die Weichen für die Lebensfahrt gestellt werden, desto mehr Chancen bestehen, dass die Reise auch gut verläuft und zu einem glücklichen Ende kommt. Umwege und Pannen sind natürlich immer möglich. Die Weichenstellung auf die späteren Jahre zu verschieben, ist nicht ratsam. In diesem Text steht das Wort ***„Fülle der Nützlichkeit“***. Dabei ist „Nützlichkeit“ ganz sicher nicht nur im materiellen und egoistischen Sinn gemeint. Das, was wir tun, soll das Leben reicher und froher machen. Immer wieder treffe ich auf Menschen, die Pläne schmieden, was sie im Rentenalter alles tun wollen. Das ist verständlich angesichts der vielen Beanspruchungen durch die Arbeitswelt, aber wenig realistisch. Fähigkeiten, die nicht im aktiven Leben gepflegt und geübt wurden, werden später nicht mehr erworben. Wer in seinen jungen Jahren nicht gesungen hat, wird auch später keinem Gesangsverein beitreten. Wer sich nicht am Gesang der Vögel erfreuen konnte, wird ihn auch später nur als Geschrei wahrnehmen. Wer die Beziehung zu Gott im Gebet nicht gepflegt und den Trost der Heiligen Schrift nicht gesucht hat, der *„häuft in seinem Herzen schmerzvolle Gedanken an, und sieht nichts mehr, was ihn freuen kann."* Zeiten der Stille und der Besinnung sind im Trubel des aktiven Lebens dringend notwendig.

„Später jedoch, im Greisenalter des Menschen, wenn sein Mark und seine Adern schon beginnen, schwach zu werden, werden die Kräfte der Seele langsamer, zeigt die Seele mildere Kräfte, gleichsam aus Überdruss am Wissen des Menschen."

Sehr unvermittelt spricht Hildegard hier vom beginnenden Greisenalter, in dem die körperlichen Kräfte schon anfangen, schwach zu werden. Nach der Beschreibung des Vollalters des Menschen ist es beinahe ein Schock, als ob eine Vollbremsung eingeleitet worden wäre. Viele Menschen kennen das! Manchmal geschieht es über Nacht: eine Schwäche, ein Unwohlsein, ungewohnte Schmerzen, die Entdeckung von faltiger Haut. Und dann ist es da, das Gefühl: Jetzt werde ich alt. Wie verständlich, in dieser Situation an „Anti-Aging" zu denken! Meine Lebensfahrt soll so weitergehen, ich will nicht umsteigen, ich hatte mich doch so gut eingerichtet! Und schon gar nicht will ich mich einschränken, auf liebgewordene Dinge verzichten.
Wer will schon behaupten, dass es leicht sei, diese Lebensveränderungen anzunehmen? Bei Hildegard steht, dass die Seele in dieser Situation mildere Kräfte zeigt, die dem körperlichen Zustand angemessen sind. Das, was bisher wichtig war, wird hinterfragt und manches als nicht mehr notwendig ausgesondert. Die Flexibilität ist beim Übergang in ein anderes Lebensalter gefragt, damit der Mensch reifen kann. Das ist eine große Herausforderung.

Das bisherige Wissen, das sich weithin auf die Bewältigung des Lebens erstreckt hatte, in Beruf und Familie, zum Erwerb von materiellen Gütern und Ansehen, bekommt eine andere Wertigkeit, Hildegard schreibt sogar von „Überdruss am Wissen des Menschen“. Es ist so, als ob der Tank des angesammelten Wissens voll wäre. Mehr ist nicht mehr nötig für den letzten Lebensabschnitt. Das Vorhandene wird gesiebt, das Unbrauchbare wird ausgesondert, diejenigen Dinge, die die Seele erfüllen, Freude schenken und Sinn geben, werden bewahrt.

An dieser Stelle frage ich mich, inwieweit die gut gemeinten Betreuungsangebote für ältere Menschen dieser Situation Rechnung tragen. Werden sie denn selbst gefragt, worauf sie Wert legen? Gibt es Menschen, die ihnen zuhören? Ich konnte beobachten, dass sie gerne Lieder aus ihrer Jugend singen, Erinnerungen aus früheren Zeiten austauschen. Sie wollen – auch wenn sie sich schwer tun, es zu artikulieren – die schlimmen Situationen, in denen sie schuldig geworden sind, bereinigen und um Verzeihung bitten. Sie brauchen wieder einen Weg nach innen, zu ihrer Seele und zu Gott; ganz wichtig sind Menschen, die ihnen dabei helfen.
Für diese Umwälzungen braucht man innere Ruhe, Abstand, Zeit für sich selbst. Angesichts der heutigen Lebensgewohnheiten mit der ausschließlich vordergründigen Sorge um Essen, Sauberkeit und Medikamente einerseits, mit der ständigen Präsenz der verschiedensten Medien andererseits, stellt sich die bange Frage, wie das wohl gehen soll.

„So zieht sich ja auch der Saft des Baumes vor Beginn des Winters in den Zweigen und Blättern zusammen, und der Baum beginnt sich zu krümmen.“

Der Baum als Symbol für den Menschen begleitet uns ständig. ***„Die Seele ist wie der Saft im Baum …"***
Der Saft, der während des Sommers sehr kraftvoll das Grün der Blätter, die Schönheit der Blüten, die herrlichen, nützlichen Früchte hervorgebracht hat, zieht sich in das Innere des Baumes zurück. Und wenn der Baum sein Alter erreicht hat, beginnt er, sich zu krümmen.
Genauso ist es beim Menschen. Die Seele zieht sich von den äußerlichen Aktivitäten zurück. Hildegard vergleicht den Beginn des Greisenalters mit dem Monat Oktober.

„Der zehnte Monat kann mit einem sitzenden Menschen verglichen werden; er läuft nicht mehr mit voller Lebenskraft dahin …"

Diese bekannte Tatsache ist für manche ältere Menschen schwer zu akzeptieren. Sie verstehen „Anti-Aging" in dem Sinne, dass sie ihre körperliche Leistungsfähigkeit möglichst lange unverändert erhalten wollen. Das überreizt aber häufig die Kräfte. Für ein Wohlbefinden sorgt ein sensibler Umgang mit den nachlassenden Kräften, um sie möglichst lange zu erhalten, aber nicht zu überfordern. Wenn Hildegard immer wieder darauf hinweist, dass die Seele ihren Leib liebt, heißt das wohl auch, dass der Mensch liebevoll mit ihm umgehen soll, auch und gerade dann, wenn seine Kräfte nachlassen.

„Genauso ist der Mensch, wenn er im Alter zu frieren beginnt, weiser geworden als früher und hat die Lebensart der Jugend satt."

Die körperlichen Veränderungen zeigen sich auf vielen Ebenen und sind den geriatrisch tätigen Fachkräften gut bekannt. Für die Betroffenen gilt, dass sie mit Achtsamkeit die Veränderungen wahrnehmen und nicht eigensinnig die bisherigen Lebensgewohnheiten beibehalten sollen. Je lockerer und selbstverständlicher sich der älter werdende Mensch darauf einstellt und sie akzeptiert, um so zufriedener ist er.
Begleitend dazu ändert sich die geistige Einstellung. Andere Dinge werden wichtig. Dabei kann sich bei älteren Menschen aber auch eine bekannte, leider negative Verhaltensweise herausbilden, nämlich eine nörgelnde Abwertung des Verhaltens der jüngeren Generation. ***„Die Lebensart der Jugend satt haben“***, kann verstanden werden als eine Ungeduld, Unverständnis und Ablehnung, die das Zusammenleben der Generationen erschwert. Hildegard meint damit aber wohl, dass der Mensch seine eigene Art zu leben verändert und merkt, dass das frühere Verhalten ihm nicht mehr angemessen ist, womit er ***„weiser geworden ist als früher.“***
Wenn ich intensiver die reale Situation vieler alter Menschen betrachte, stellen sich mir allerdings weitere Fragen. Sind die zunehmenden Jahre per se ein Zeichen von mehr Weisheit? Oder muss ein Mensch nicht durch Lebenseinstellung und Lebensführung vieler Jahre dafür Grundsteine legen? Mir fällt dazu der Ausspruch eines Professors am Heilpädagogischen Seminar ein, der mich damals nachdenklich machte und mich dann ein Leben lang begleitete: Nur der kluge Mensch wird durch Erfahrung klug.

„Der Mensch lässt den Wankelmut schlüpfriger und dummer Sitten austrocknen ... denn die wertlosen, vielfältigen Vergnügen des Lebensgenusses nehmen durch die Kälte des Alters in ihm bereits ab.“

Es ist ganz offensichtlich: Es kommt auf die Lebensjahre an, wie eine Situation beurteilt wird. Die „Spaßgesellschaft“ gibt den Ton an, die junge Generation fordert ihr Recht auf Lebensgenuss und Spaß. Alles hat seine Zeit, und will – und muss – zu seiner Zeit gelebt werden. Peinlich wird es, wenn der Mensch sich nicht mehr weiterentwickelt und in einer Phase stehenbleibt.
Dann treffen die altersbedingten Veränderungen den Menschen unvorbereitet, und er hat es sehr schwer, eine neue Orientierung für sein Leben zu finden. Er wird einfach gezwungen, auf viele Dinge zu verzichten. Wird es ihm möglich sein, die Dinge aus seiner Lebenserfahrung heraus danach zu beurteilen, was ihm sein Leben wertvoll gemacht hat, oder was – mit Hildegards Worten – schlüpfrig, dumm und wertlos war? Die „Kälte des Alters“ kann bei diesem Prozess hilfreich sein.

„Er meidet die Gesellschaft törichter Menschen, damit sie ihn nicht durch ihre Unwissenheit verwirren ...“

Derjenige Mensch ist glücklich zu schätzen, der auswählen kann, welche Menschen er sich zur Gesellschaft sucht. Aber sehr schwierig kann es sein, die Gesellschaft jener Menschen zu meiden, die die anderen in penetranter Weise mit ihren eigenen Vorstellungen oder Problemen bedrängen.
Dieser hildegardische Satz kann auch jenen Menschen einen Hinweis geben, die in ihrer Unsicherheit, gerade in Umbruchsituationen des Lebens, bei anderen Menschen einen Rat suchen. In vielen Gesprächen, in denen Menschen mich um einen Rat fragten, fragte ich die Betreffenden danach, wie sie denn selbst ihre Situation sehen. Oft waren sie verunsichert durch sogenannte gute Ratschläge anderer

Menschen, weil ihr eigenes inneres Wissen sehr klar eine andere Lösung wusste. Gerade mit zunehmendem Alter ist es wichtig, auf die innere Stimme zu hören.

Wertvoll

Bin ich wertvoll? Und wenn ja, woher beziehe ich das Wissen um meinen Wert? Habe ich tief in meiner Seele die Gewissheit, dass ich wertvoll bin, unabhängig von meiner sozialen Stellung, von meinem Alter und meiner gegenwärtigen Lebenssituation? Es gibt Krisen im Leben, die den Menschen an sich selbst und am Sinn des Lebens zweifeln lassen, seien es Krankheit, Knicke in der beruflichen Laufbahn oder persönliche Krisen. Das Gefühl der Wertlosigkeit kann besonders am Beginn des Rentenalters aufkommen, wenn wir nicht mehr eingebunden sind in den Arbeitsprozess und uns überflüssig fühlen. Wir fragen uns, warum manche Menschen eine erstaunliche Stabilität an den Tag legen und immer wieder auf die Füße kommen, während andere wie von einem Wind herumgewirbelt werden. Gibt es einen Halt in sich selbst, der von äußeren Einflüssen nicht umgeworfen werden kann? Woran kann sich der moderne Mensch orientieren? Gerade die Überfülle der Informationen umgibt uns wie ein Nebel und lässt uns resignieren.

„Die Menschen sind eingeschlafen in einem faulen Frieden und sind eine leichte Beute für den Feind.“

Provoziert uns die hl. Hildegard nicht mit ihren Prophezeiungen, die uns wie für unsere Zeit geschrieben anmuten? Ob damit an einen Feind von außen gedacht wird, der unsere reale Existenz bedroht, oder an den inneren Feind, der uns die Orientierung nimmt, uns in Angst, Sorge und Depression stürzt, – beides ist gleichermaßen bedrohlich.

Ist es nicht bedrohlich, wenn wir nicht mehr wissen, was das Leben lebenswert macht? Bei aufmerksamer Beobachtung der heutigen Diskussion trifft man immer wieder auf den Ausspruch: Man darf nicht werten.
Das zieht sich schon über viele Jahrzehnte hin und begann nach dem Zweiten Weltkrieg mit der Bewegung der „anti-autoritären Erziehung“. Damals gab es einen Dammbruch nach der herrschenden stark moralisierenden und autoritären Erziehung; die 68er Generation bewirkte einen gesellschaftlichen Umbruch und viele der bis dahin bestimmenden Traditionen verschwanden. Damit bröckelte auch massiv das Gebäude des christlichen Glaubens. Parallel dazu vermehrte sich der materielle Wohlstand und bestimmte das gesellschaftliche Leben. Noch nie herrschte in Europa eine so lange Friedenszeit – 60 Jahre! Der Pastoraltheologe Paul M. Zulehner stellt fest, dass der Mensch heute mit einer „angestrengten Diesseitigkeit“ lebt, dass er „spirituell ausgehungert“ ist. Alle Wünsche, alle Glückssehnsüchte müssen in dieser Welt und mit den materiellen – vielleicht auch esoterischen – Möglichkeiten befriedigt werden und das sofort und optimal. Leid darf nicht mehr stattfinden; und wenn es doch immer wieder hereinbricht, wird ein Gott dafür verantwortlich gemacht, der für den Rest des Lebens jedoch nicht mehr existiert.
Mit den zunehmenden Jahren und den damit einhergehenden Enttäuschungen beginnen wir, uns unsere eigenen Gedanken zu machen. Denn unsere Seele wird zwar nicht alt, aber sie kann reifen und weiser werden.

„Der Sinn ist im Inneren des Menschen wie kostbares Gestein und wie ein reicher Schatz im versiegelten Gefäß.“

Die hl. Hildegard sagt uns, was wir eigentlich auch selbst wissen: dass die äußere materielle Welt keine bleibenden Werte bieten kann. Auch die größten Goldbarren machen uns innerlich nicht reich. Auf der Suche nach den wirklichen Werten müssen wir in uns selbst hineinschauen: Die kostbaren Schätze liegen in uns selbst. Was uns zufrieden und glücklich macht, kommt aus dem, was wir innerlich im Sinn haben.

Der Weg nach innen ist ungewohnt. Es scheint manchmal, als ob es eine Reise in unbekanntes Land ist. Der Weg ist so fremd wie in kosmische Weiten. Ohne einen Kompass sind wir orientierungslos. In unserer Seele sind wir oft so widersprüchlich und kennen uns mit uns selbst nicht aus. „Du hast dich müde gemacht mit der Menge deiner Pläne", so lesen wir beim Propheten Jesaja. Es ist nötig, sich Zeit zu nehmen für Besinnung auf sich selbst, um in die eigene Tiefe zu kommen. Ein Professor am Heilpädagogischen Seminar in Zürich hat uns einen Merksatz mit auf unseren Berufsweg gegeben, der mich mein ganzes Leben begleitet hat. Er sagte: „Sie sollten sich jede Woche wenigstens zwei Stunden Zeit nehmen, um über Ihre Kinder nachzudenken." Ich habe das für mich persönlich erweitert und sage: Ich nehme mir jede Woche wenigstens zwei Stunden Zeit, um über mich selbst nachzudenken, denn das bin ich mir wert. Eine Steigerung erfährt dieser Vorsatz, wenn ich über mich nachdenke im Angesicht Gottes, mit den Worten des Psalmisten: „O Herr, sieh her auf mich, ob ich auf dem Weg bin, der dich kränkt."

Wie gehe ich um mit den kostbaren geistigen und leiblichen Gaben? Lasse ich sie brach liegen und missachte ich sie? Oder freue ich mich über das, was mir gelingt, und danke ich dafür meinem himmlischen Vater?

Die Goldkrone des Verstandes

Die hl. Hildegard sieht in ihrer göttlichen Schau genau das: Gott traut dem Menschen sehr viel zu, weil er seine Seele mit einem einmaligen unvergänglichen Schatz ausgestattet hat, nämlich mit der Goldkrone des Verstandes. Die goldene Krone ist dem König als Zeichen seiner Würde und Macht vorbehalten. Gold ist das edelste und wertvollste Metall. Es ist beständig und überdauert nicht nur ein ganzes Leben, sondern Jahrtausende, es verwittert nicht und rostet nicht. Die Seele altert nicht! Die geistigen Fähigkeiten behalten ihre Wirksamkeit das ganze Leben lang.

- Der Mensch ist mit Verstand und Vernunft ausgestattet.
- Der Mensch heißt „Geist am Werk", wie Hildegard sagt.
- Er hat Einsichtsfähigkeit und Unterscheidungsgabe.
- Er ist fähig, aus freiem Willen Entscheidungen zu treffen.
- Er kann über sich selbst reflektieren, hat Selbstbewusstsein.
- Er besitzt Empfindungsfähigkeit für sich selbst und seine Umwelt.

Mit diesen einmaligen Begabungen hat die menschliche Seele Anteil am geistigen Reich Gottes, das immer gleich bleibt. Sie altert nicht von der Wiege bis zur Bahre. Sie stammt aus dem Reich der Liebe, der Freude, der Geduld, des Glaubens, der Hoffnung, der Barmherzigkeit und vieler anderer Tugenden. Der Mensch ist vernünftig, kann richtig und falsch, gut und böse unterscheiden und damit das Leben gestalten. ***„Gott hat dir die Unterscheidung von Gut*** *und Böse gegeben. Darum tue du das Gute.*" Diesen Rat gibt Hildegard einem Magister, der von ihr Weissagungen über seine Zukunft erbeten hatte. Die Zukunft wird so aussehen, wie du sie in der Gegenwart gestaltet hast.

„Nehmet also Verstand an und werdet stark, denn das tut euch not." (Sc. 1/4)

„Gott schuf den Menschen nach seinem eigenen Bild und Gleichnis." Damit zitiert Hildegard im Grunde die Heilige Schrift. Und weil Gott vernünftig ist, wie könnte er etwas Unvernünftiges schaffen? Und so war der Mensch von Anfang an Gottes liebstes Kind, sein größtes Wunderwerk, das alle anderen Geschöpfe übertrifft. Für ihn sind alle Wunder des Universums geschaffen, er findet alles liebevoll und bis in alle Einzelheiten fantasievoll geplant auf der Erde vor. Als einziges Wesen kann der Mensch das erkennen. Er ist dazu geschaffen, Gott dafür aus ganzem Herzen zu loben und preisen.
Und Hildegard erkannte noch ein tieferes Geheimnis: Gott hatte von Anfang an den Plan, dass sein Wort, der Sohn Gottes, die Gestalt des Menschen annehmen sollte. Und dafür war ihm nichts gut und groß genug, es sollte die „Krone der Schöpfung" werden. Immer wieder betont Hildegard, dass der Mensch *„das große Wunderwerk Gottes"* ist. Bei näherem Hinsehen beschleicht einen aber die Vermutung, als ob diese Ausstattung für den Menschen mehr als eine Nummer zu groß war! Wie der weitere Gang der Geschichte der Menschheit zeigt, stieg dem Menschen seine Größe gewaltig zu Kopf.
Vielleicht ist das der Grund, warum die Heiligen und die Kirchenväter den Menschen nur sehr verhalten als Wunder-

werk Gottes bezeichnet haben. Kaum ein Mensch hat sich getraut, diese Vorstellung zu Ende zu denken. Es wird in der Theologie davon gesprochen, dass Gott ihn nur wenig unter die Engel gestellt habe und dass der Mensch nur den Saum seines Kleides anrühren könne. Erst bei der heiligen Hildegard habe ich in dieser Klarheit von der großen Auszeichnung des Menschen gehört. Sie war überwältigt von der Schau der göttlichen Geheimnisse und musste immer wieder davon Kunde geben: dass der Sohn Gottes das „Gewand des Menschen", die Gestalt des Menschen, anziehen sollte. Und damit ruht der aus dem Lehm der Erde geschaffene Mensch als liebstes Kind mitten im Herzen Gottes.

Die Botschaft Jesu Christi ist ebenso eindeutig wie großartig: Wir dürfen Gott unseren Vater nennen, der seinen Sohn zu unserer Rettung gesandt hat, ***„weil wir aus uns selbst heraus nicht fähig waren, Gott zu unserem Glück zu lieben."*** In all ihren Visionen schaute und hörte Hildegard in immer neuen Variationen diese Botschaft von der unbegreiflichen und bedingungslosen Liebe des göttlichen Vaters zu uns Menschen. Gibt es auf der ganzen Welt eine vergleichbare Offenbarung? Kann man sich vorstellen, dass dieses Menschenkind diesen Vater nicht wieder von ganzem Herzen liebt? Dass es nicht immer wieder in Freudenrufe ausbricht und ihn aus ganzer Seele lobt? Und doch wissen wir, dass es nicht nur denkbar ist, sondern dass es unvorstellbare Wirklichkeit wurde, dass der Mensch diesem liebenden Vater den Rücken kehrte. Doch davon später!

Der kostbare Schatz

„Wenn nämlich irgendein Mensch
dir einen Schatz schenken würde,
weil er dich sehr liebt und zu dir sagen würde:
‚Ziehe daraus Gewinn und sei reich,
sodass man auch weiß, wer der ist,
der dir diesen Schatz gegeben hat',
dann müsstest du genau überlegen,
wie du ihn gewinnbringend vermehren kannst.

Du würdest zu dir selbst sagen:
‚Der Schatz meines Herrn
muss sich in mir mit bestem Gewinn zeigen,
damit man deshalb auch ihn lobt ...'
So käme diese gute Nachricht auch ihm zu Ohren,
und er würde an dich erinnert
und dich noch mehr lieben
und dir noch größere Gaben übertragen.

So handelt auch dein Schöpfer:
Er selbst hat dir den vorzüglichsten Schatz gegeben,
nämlich den lebendigen Verstand,
weil er dich sehr liebt,
weil du ja sein Geschöpf bist.
Er hat dir durch die Worte
des von ihm aufgestellten Gesetzes befohlen,
diesen Verstand in guten Werken
gewinnbringend zu vermehren
und an Tugenden reich zu sein,

sodass auch er, der gute Geber,
dadurch genauer erkannt wird.

Deshalb sollst du jederzeit darüber nachdenken,
auf welche Weise dieses so große Geschenk
durch gerechte Werke in Heiligkeit glänzt
und aus dir heraus strahlt.
Du hast es ja zum Nutzen für die anderen
genauso wie auch für dich empfangen,
damit die Menschen von deinem guten Beispiel herausgefordert,
Gott die Ehre des Lobpreises erweisen.“
(Scivias 3. Teil, 10. Vision, Kap.9)

Im Folgenden betrachten wir diesen kompakten Text der heiligen Hildegard in kleinen Schritten und seinen Sitz in unserem Leben.

„Wenn nämlich irgendein Mensch dir einen Schatz schenken würde, weil er dich sehr liebt ...“

Stellen Sie sich das einfach einmal vor: Da kommt ein guter Freund zu Ihnen zu Besuch. Das ist ganz normal, weil Sie sich gut verstehen. Es ist eine jener seltenen Beziehungen, die auf Wohlwollen dem anderen gegenüber beruhen, bei denen beide Teile sicher sind, dass die Freundschaft nicht erkauft werden muss, dass aber jeder selbstverständlich für den anderen da ist, wenn er gebraucht wird. Es ist ein fragloses Grundvertrauen, das sich in vielen Jahren bewährt hat. Und nun zieht der Freund ein Geschenk aus der Tasche, vielleicht einen Scheck mit einem ansehnlichen Betrag, einfach so, ohne einen Anlass. Bei jedem anderen Menschen hätte man sofort Hintergedanken: Wozu will er mich verpflichten? Dieser Freund hat gemerkt, dass mich die Schulden des Hauses seit dem Brand an den Rand des Ruins bringen. Ich weiß, der Freund ist gut situiert, der mir geschenkte Betrag wird ihn nicht schmerzen. Aber trotzdem – das werde ich ihm nie vergessen. Und wenn mich die Leute fragen, werde ich ihnen erzählen, wem ich das zu verdanken habe.

„So käme diese gute Nachricht auch ihm zu Ohren, und er würde an dich erinnert und dich noch mehr lieben und dir noch größere Gaben übertragen."

Dieses Gleichnis rührt ans Herz, und wir wissen, dass, wenn auch sehr selten und in kleinerem Rahmen, solche Dinge durchaus immer wieder vorkommen. Bei der hl. Hildegard ist aber die geniale Komposition des Menschen aus Geist und Materie gemeint, die von uns einfach als selbstverständlich hingenommen wird, auf die wir einen Anspruch zu haben glauben. Wie oft kommt es wohl vor, dass ein Mensch für seine körperliche und geistige Ausstattung dankt? Mit zunehmendem Alter fällt mir auf, dass die – ohnehin schon gewohnheitsmäßig vorgetragenen – Klagen zunehmen. Aber nur die Dinge, denen wir Beachtung schenken, werden wachsen. Achten wir darauf!

„So handelt auch dein Schöpfer:
Er selbst hat dir den vorzüglichsten Schatz gegeben, nämlich den lebendigen Verstand, weil er dich sehr liebt, weil du ja sein Geschöpf bist."

Diese „Liebesgeschichte" wird der hl. Hildegard in ihrer inneren Schau immer wieder als ein Beispiel für das Handeln

Gottes gezeigt, wie es von Jesus Christus verkündet wurde. Es ist die einzige Religion, die Gott als Vater verehrt, der seinen Kindern die wertvollste Erbschaft mitgibt; der nicht anders kann, als seine Kinder zu lieben, und der nichts mehr ersehnt, als dass diese Liebe erwidert wird und es seinen Kindern gut geht. Wer selbst Kinder hat, weiß, wovon hier die Rede ist.
Während ich diese Gedanken niederschreibe, fällt mich immer wieder ein Staunen über diese wunderbare Erkenntnis an, denn in der Zeit vor meiner Beschäftigung mit der hl. Hildegard hatte mir niemand gesagt, dass ich eine wertvolle geistige Ausstattung hätte, dass ich gar ein „großes Wunderwerk Gottes" sei. Wem von uns wurde in seiner Kindheit gesagt, welche guten körperlichen, seelischen und geistigen Fähigkeiten er auf diese Welt mitbekommen hat? Vermutlich nicht sehr vielen! Dafür kann es durchaus einen triftigen Grund geben: Die Eltern haben vielleicht davor Angst, das Kind könne eine Überheblichkeit entwickeln, die es zum unangenehmen Streber macht. Nicht weniger selten aber werden Kinder mit dem Hinweis: Stell dich nicht so an, du kannst das doch!, für die Geltungswünsche der Eltern instrumentalisiert und über die Grenzen ihrer Fähigkeiten unter Leistungsdruck gesetzt.
Diesen Gefahren können wir entkommen, wenn wir den weisen Rat der hl. Hildegard befolgen:

„Kein Mensch soll das Seinige sich selbst zuschreiben, denn er hat es sich nicht selbst gegeben."

Stolz und Hochmut schweben ständig als Gefahr über begabten Menschen, sowohl für die eigene Charakterentwicklung als auch für harmonische Beziehungen zu den Mit-

menschen. Ganz anders sieht es bei jenem Menschen aus, der seine Begabungen als ein Geschenk Gottes sehen kann. Er darf, ja er muss alle seine Anlagen ausschöpfen und wird sich aus vollem Herzen über den Erfolg freuen. Gibt es ein erhebenderes Lebensgefühl, als Gott mit freudigem Herzen für die erhaltenen Gaben zu danken?
Der lebendige Verstand ist unser größter Schatz. Die Kraft der Gedanken ist eine sehr starke Energie; mit den Gedanken fängt alles an. ***„Die Gedanken sind die Baumeister des Lebens.“*** Alles, was wir mit dem Mund reden und mit dem Leib ausführen, war zuerst in den Gedanken. Am Anfang steht eine Idee, ein zündender Geistesblitz; dann entwickeln wir einen Plan, stellen uns etwas vor und malen es aus, verwerfen und bauen wieder um. Das alles geschieht in unserer Seele, von außen unbemerkt, aber kraftvoll und zielstrebig. Und diese vernünftige schöpferische Kraft ist nur dem Menschen gegeben. Er weiß darum, er hat ein Bewusstsein von dieser Fähigkeit, er kann darüber reflektieren. Das ist in dieser Welt einmalig.

„Das Sichtbare ist schwach, das Unsichtbare ist stark.“

Alles Geistige ist unsichtbar und ist doch die mächtigste Kraft, die sich alle anderen Energien in der Welt dienstbar machen kann. Wenn Hildegard sagt, ***„das Unsichtbare ist stark“***, dann denken wir in unserer Zeit an die verschiedenen Formen von Energie, ohne die unsere moderne Welt nicht mehr vorstellbar wäre. Und wir wissen, dass jede sichtbare „Maschine“ von einer unsichtbaren Energie bewegt wird. Kein Mensch kann heute vernünftigerweise sagen: Ich glaube nur, was ich sehe!
Immer wieder melden sich Naturwissenschaftler zu Wort,

die auf diese Schieflage hinweisen. Der physische Chemiker Max Thürkauf, der 1963 für die Herstellung von schwerem Wasser den renommierten Ružička-Preis der ETH Zürich erhielt, schrieb: „Die Naturwissenschaft bewegt sich vergleichsweise nur an der Oberfläche der unermesslichen Tiefen der Schöpfung, nämlich im Bereich der Quantitäten, also der Mess- und Berechenbarkeiten. Aber weitaus der größte Teil der Schöpfung ist nicht mess- und somit nicht berechenbar" (Bestimmt zum Lob seiner Herrlichkeit, 1985). Der Arzt Paul Tournier aus Genf erhob Ende des 20. Jahrhunderts eine kritische Stimme. „Die Naturwissenschaft analysiert Phänomene, bietet uns aber keinerlei klaren, sicheren und allgemeingültigen Begriff vom Menschen, vom Leben, von Krankheit oder Tod. Darum wenden wir uns an die Bibel ..." (Vom Sinn unserer Krankheit).

Der Verstand, die Vernunft ist eine nicht auszulotende Eigenschaft unserer Seele, und Hildegard von Bingen wird nicht müde, die zentrale Wichtigkeit von „Vernünftigkeit" – sie verwendet den sonst nicht gebräuchlichen lateinischen Ausdruck „rationalitas" – immer wieder zu betonen. Schon lange vor der Aufklärung um 1700, in der die Philosophen die zentrale Bedeutung der Vernunft entdeckten, wurde diese wichtige Erkenntnis von der großen „Seherin vom Rhein" verkündet.

Und doch gibt es angesichts der Taten der Menschen immer wieder massive Zweifel: Handelt der Mensch wirklich vernünftig? In dem Büchlein mit hintergründigem schwäbischen Humor „Die schwäbische Schöpfung", das auch heute immer noch veröffentlicht wird, lässt der Dichter Sebastian Sailer (1743) den hl. Petrus beim Herrgott klagen: „Jetzt schau dir doch diesen Menschen an, was der auf der Welt da drunten für schlimme Sachen macht! Und du sagst immer, er sei die Krone der Schöpfung." Das hat der Schöpfer schon längst gemerkt, kommt aber nicht so recht an den selbstherrlichen und eigensinnigen Menschen heran. Er sagt zu Petrus nur: „Ich weiß schon. Aber der ist mir missraten" (auf schwäbisch: vergrote!). Daran hat sich bis in die heutige Zeit nichts geändert, und darüber werden wir noch im weiteren Verlauf des Buches zu sprechen haben.

„Gott hat dir durch die Worte des von ihm aufgestellten Gesetzes befohlen, diesen Verstand in guten Werken gewinnbringend zu vermehren ..."

Unser Schöpfer erwartet von uns, dass wir – nicht zuletzt zu unserem eigenen Nutzen – den Schatz unseres Verstandes mit Gewinn einsetzen und dadurch bleibende Reichtümer erwerben. Allerdings steht hier: *„Gott hat dir durch die Worte des von ihm aufgestellten Gesetzes befohlen ..."* Dieser Text trifft einen wunden Punkt des modernen Menschen: seine Freiheit. Er will keine Vorschriften und Einengungen. Ist das aber wirklich so neu und nur für unsere Zeit zutreffend? Wenn ich die Menschheitsgeschichte betrachte, entdecke ich, dass sich der Mensch schon von Anfang an so verhalten hat.

Wir beobachten aber, dass die Entwicklung der letzten Jahrzehnte kontinuierlich in diese Richtung geht. Der christliche Glaube, für den eine göttliche Ordnung im Kosmos und für das menschliche Verhalten vorgegeben ist, hat nur noch wenig Einfluss auf die Gestaltung des gesellschaftlichen Lebens. Im spirituellen Bereich hat der Buddhismus viele Anhänger gefunden, welcher lehrt, wie durch Meditation und Vermeidung von leidvollen Situationen ein zufriedenes Leben möglich werden könnte. Hier stellt kein Gott irgendwelche Gesetze auf, es wird aber auch nicht an einen persönlichen Gott geglaubt, dem etwas am Menschen liegt, den er wie sein eigenes Kind liebt und ihm hilft. Ist es aber bekannt, dass auch die buddhistische Lehre annimmt, dass der Mensch einem inneren Gesetz folgen muss, dass er für sein Tun verantwortlich ist? Es wird gelehrt, dass der Mensch durch seine Taten selbst den Mutterschoß für seine nächste Reinkarnation bestimmt. Er muss die Konsequenzen selbst tragen. Schlechtes oder böses Tun wird sich nach dieser Lehre im nächsten Leben und in den weiteren Leben in den sozialen und menschlichen Verhältnissen entsprechend auswirken. Jeder muss sein Karma selbst durchleiden und keiner darf ihm dabei helfen. Mir sagte einmal ein Mann mit Blick auf die Reinkarnation: „Ich muss jeden Nagel wieder herausziehen, den ich eingeschlagen habe." Einen barmherzigen Gott suchen wir in diesem System vergebens.

Im „New Age" wird die Freiheit von einem göttlichen Gesetz verkündet. Gott sei keine Person, wie die monotheistischen Religionen glauben machen, sondern eine göttliche Energie, die der Mensch für sich verwenden könne, um das eigene Ich als „göttliches Selbst" zu entfalten. Es gibt keine Gebote, kein Naturgesetz und keine daraus resultierende Ordnung. Es gibt deshalb auch kein Fehlverhalten, keine Schuld und keine Sünde. Der eigene Wille des Menschen ist sein Gesetz.

Ein Erlebnis hat mir diese Haltung drastisch vor Augen geführt. Eine Bekannte fuhr auf der Hauptstraße, rechts war eine Reihe von parkenden Autos. Aus einem dieser Autos stieg eine Frau aus, achtete nicht auf den fließenden Verkehr, riss ihre Autotür auf und beschädigte erheblich das Auto meiner Bekannten. Sie weigerte sich, ihre Schuld einzugestehen und den Fall ihrer Versicherung zu melden. Ganz im Gegenteil, sie beklagte sich darüber, dass ihr jetzt die meditative Ausgeglichenheit zerstört worden sei, die sie nach einer wunderbaren Stimmung am See genossen habe. „Warum müssen Sie gerade jetzt hier vorbeifahren?" Auch nach einer Bedenkzeit war sie nicht bereit, den Schaden ihrer Versicherung zu melden. Meine Bekannte scheute den Gang zum Gericht mit allen Unannehmlichkeiten und musste mühsam den Schaden begleichen. Sie erzählte mir diese Geschichte sehr aufgewühlt nach einem Gottesdienst, denn jene Frau war auch in der Kirche und reichte ihr die Hand zum Friedensgruß. Sie hätte der Frau am liebsten einen Schlag ins Gesicht gegeben oder wäre aus der Kirche gerannt. Nach langem inneren Kampf schaffte sie es, ihr zu verzeihen und ihr die Hand zu reichen. Sie sagte zu sich selbst: „Das Geld wäre sonst eben auf andere Weise ausgegeben worden. So habe ich wieder meinen inneren Frieden."

„O Mensch, ist es denn passend und geziemend, dass der geistbegabte Mensch ohne Einsicht ist wie unvernünftiges Vieh, das nichts anderes tut, als was sein Trieb verlangt? O die unglücklichen Menschen, die nichts von der großen Herrlichkeit wissen wollen, die Gott ihnen als Ähnlichkeit mit ihm geschenkt hat. Doch es kann nicht sein, wie sie es wollen, dass sie frei und gleichsam als ererbtes Recht all das Böse tun, nach dem sie verlangen."
(Scivias, 3/8)

Wer es noch nicht gemerkt hat: Hildegard von Bingen hat einen messerscharfen Verstand und einen außerordentlichen Mut, unbequeme Dinge in aller Klarheit zu sagen. Das hat ihr zu Lebzeiten nicht nur Freunde, aber durchaus

Achtung eingebracht. Der Mensch ist verantwortlich dafür, was er mit den großen Geschenken macht, die Gott ihm anvertraut hat. Auch wenn es dem Menschen nicht gefällt, er wird zur Rechenschaft gezogen.

„... der Mensch soll diesen Verstand in guten Werken gewinnbringend vermehren, um an Tugenden reich zu sein, sodass auch er, der gute Geber, dadurch genauer erkannt wird."

Hier ist wieder eine Formulierung, die uns nicht leicht über die Lippen geht: *„an Tugenden reich sein"*. Tugend, das ist ein verstaubtes, angeschimmeltes Wort, das moralinsauer riecht. Leider waren früher die sogenannten „tugendsamen" Menschen eben oft diejenigen, die mit Verachtung auf die anderen herabschauten. Damit schnappte bereits die schlimmste Falle zu, nämlich das „Laster" des Stolzes. Das Wort „Tugend" kommt aber von „taugen, lebenstauglich sein". Nur durch solche positiven Lebenshaltungen wird der Mensch innerlich frei, und nur so kann das Leben gelingen. Hildegard erkannte in ihrer inneren Schau 35 Laster und ebenso viele Tugenden als deren Kontrahenten. Die Tugenden sind dabei mutige Haltungen, die gegen die feigen, egoistischen Laster mit Klarheit und Mut antreten. Dort wo z. B. das Laster des Zornes das Leben und die Kräfte des Menschen zerstört, lässt die Tugend der Geduld wieder Lebensfreude und gute Beziehungen blühen. Die Tugend des Friedens wagt die Auseinandersetzung mit der Streitsucht. Hildegard hört sie sagen: *„Du kannst keine Sache in Frieden stehen lassen ... Du springst auf wie beißende Würmer, die mit ihrem Biss die Menschen töten ... Ich, der Friede, hingegen zeige mich wie ein Heilmittel für alle. Jene, die du verfolgst, salbe ich, und die du verwundest, heile ich*

... Deshalb stürze ich auch über dich her und attackiere dich ständig, und ich werde dir keine Ruhe lassen."

Wir sollen *„den Verstand in guten Taten vermehren".* Eine oft geübte Haltung bestärkt sich von selbst. Wer darum besorgt ist, Gutes zu tun, wird wie von selbst immer häufiger Gelegenheiten dazu finden, und es wird ihm auch immer leichter fallen. Dadurch wird der Geist beflügelt und die Seele wird froh.

Einen zentralen Platz hat bei Hildegard die Tugend der Gerechtigkeit, in deren Kern die Liebe wohnt. Bei der psychotherapeutischen Behandlung von Kindern fiel mir auf, wie stark bei ihnen das Gerechtigkeitsgefühl ausgeprägt und wie stark gleichzeitig die Versuchung der Lüge ist. *„Im Kindesalter ist die Seele stark."* Ein stotternder Junge spielte viele Wochen lang – jeweils eine Stunde in der Woche – mit Playmobil-Figuren Rollenspiele. Immer standen sich die guten und bösen Ritter gegenüber. Die bösen Ritter haben gelogen und getrickst und den guten Rittern Fallen gestellt. Es war ein heftiges Hauen und Stechen, es schien kein Ende zu nehmen. Immer unentschieden. Die guten Ritter mussten lernen, vielen Angriffen standzuhalten, die Tricksereien zu durchschauen und zu parieren. Meine Geduld wurde stark strapaziert. Ich wusste, dass ein innerer, geistiger Kampf des Kindes und die Spannungen in der Familie hier ausgetragen wurden. Ich fragte ihn einmal: „Wer gewinnt denn heute?" Er schaute mich sehr vorwurfsvoll an und sagte: „Das weiß ich doch nicht. Das wirst du dann schon sehen." Das Kind, der Mensch, muss seine ganzen Kräfte zusammennehmen. Solange man mitten drin steckt, kennt man nicht den Ausgang. Es dauerte von da an nicht mehr sehr lange, bis die Guten gesiegt hatten. Seine Seele hatte den Kampf gewonnen. Er stotterte nicht mehr.

Ich bin mir sicher, dieses Wissen ist uns eingegeben und auch der Wunsch, danach zu handeln. In jedem Alter bedrängt die Seele den Menschen auf je eigene Weise, gerecht zu handeln. Und immer ist es ein innerer Kampf. Keiner darf aber glauben, dass die Gelassenheit und die Tugenden ein Geschenk des Alters wären. Die Jahre allein machen das nicht! Das Sprichwort stimmt eben nicht: „Gottlob, nun sind sie tugendlich, sie haben alles hinter sich." Im höheren Alter, wenn die Vitalität und die Körperkräfte nachlassen, liegen andere Stolpersteine auf dem Weg. Sind es nicht mehr die „Sünden des Fleisches", die Ellenbogenmentalität, um den Rivalen aus dem Feld zu jagen und ähnliche Dinge, so können es vielleicht Eigensinn und Unduldsamkeit, Rücksichtslosigkeit und Geiz sein, die den Frieden des Herzens und die Freude des Lebens rauben. Dieser geistige Kampf zieht sich durch das ganze Leben, und wir brauchen die Hilfe Gottes dafür.

„Deshalb sollst du jederzeit darüber nachdenken, auf welche Weise dieses so große Geschenk (des Verstandes) durch gerechte Werke in Heiligkeit glänzt und aus dir heraus strahlt."

Es gibt ein geflügeltes Wort: Adel verpflichtet! Man kann genauso sagen: Verstand verpflichtet! Und unser Verstand ist ein großes Geschenk: Geschenke verpflichten!
Ist es nicht die normalste Sache der Welt, unseren Verstand einzusetzen, bevor wir eine Sache anpacken? Und doch sehe ich eine weit verbreitete Unsicherheit, sich auf das eigene Urteil zu verlassen. Sonst wären doch die Regale in den Buchläden nicht so übervoll mit Ratgebern jeglicher Couleur. Ist es der Zweifel am eigenen Verstand – oder die Trägheit, ihn zu aktivieren?

Wie eine Mutter sorgt sich Hildegard um die Menschen, damit sie ihr Leben mit Freude führen. Sie spricht von glänzenden Werken; wir kennen den Ausdruck: „Das ist eine glänzende Idee.“ Wer kennt das nicht von sich selbst: Eine knifflige Sache beschäftigt einen längere Zeit, raubt einem vielleicht sogar den Schlaf, und dann kommt der rettende Einfall. Sogar die Mitmenschen merken es und sagen: Du strahlst heute so!

Hildegard meint aber schon noch mehr: Wir sollen immer darüber nachdenken, wie wir gerecht handeln können. In ihrem Briefwechsel an viele hochgestellte Persönlichkeiten – seien es Könige oder Päpste, Bischöfe oder Äbte – finden wir häufig die Mahnung, gerecht zu handeln. Der Kern der Gerechtigkeit ist immer die Liebe; sie ist keine kalte Erfüllung von Gesetzen. Wer aus Liebe gerecht handelt, der hat ein Leuchten auf dem Gesicht. Hildegard rüttelt die Menschen auf und erinnert sie daran, wie schlimm es ist, den Verstand nicht für gute Werke zu gebrauchen:

„O ihr törichten Menschen, die ihr lau seid und vor euch hinwelkt und nicht einmal ein Auge öffnen wollt, um zu sehen, was ihr aufgrund der Begabung mit eurem Geist seid … als ob ihr nicht die Einsicht in Gut und Böse hättet. Was warst du, als du noch als Gerinnsel im Schoß deiner Mutter lagst? … Doch dann wurden dir Geist, Beweglichkeit und Empfindsamkeit gegeben, damit du dich lebhaft regst und daraus Nutzen ziehst.“ (Sc. 3/10)

Sie legt den Finger in die Wunde und beklagt das Dahinvegetieren der Menschen, welche die vielen Chancen des Lebens aus Trägheit vorbeigehen lassen. Hildegard moralisiert nicht, sie benennt die Realität mit unerbittlichem Scharfblick und stößt die Menschen auf die tragischen Folgen ihrer Nachlässigkeiten. Man spürt förmlich eine schier verzweifelte Klage, weil so ein Verhalten einfach nicht wahr sein darf: Ihr liegt herum wie welkes Laub, wollt euch kein bisschen anstrengen, lasst die besten Lebenschancen ungenützt verstreichen, und wollt offenbar gar nicht wissen, wie reich und schön das Leben sein kann! Eure Dummheit und Denk-Faulheit tut wirklich nur noch weh! Ihr tut so, als ob ihr nicht wüsstet, was Gut und Böse ist!

„Du hast es ja zum Nutzen für die anderen genauso wie auch für dich empfangen, damit die Menschen von deinem guten Beispiel herausgefordert, Gott die Ehre des Lobpreises erweisen."

Immer wieder verwendet Hildegard das Wort „Nutzen". Aber für die anderen genauso wie für mich. Das Gegenstück ist unnütz, ist vertane Zeit. Eigentlich ist die Zeit viel zu kostbar, um sie unnütz zu vertun. Wir kennen heute das Wort „Zeitvertreib"; Diebe zu vertreiben ist sicher sehr nützlich, aber warum wollen wir Zeit „vertreiben"? Haben wir Zeit im Überfluss oder wissen wir überhaupt, wie viel wir noch vor uns haben. Eigentlich haben wir keine Zeit, um sie zu vertreiben, sondern um sie sinnvoll zu nutzen. Überlegen wir, wofür wir sie bekommen haben? Je mehr Jahre verstreichen, desto mehr befällt uns das Gefühl von verpassten Chancen. Ich hörte einmal ein schönes Gleichnis: Ein Mensch steht vor einem Laufband, auf dem ständig Kerzen heranbefördert werden, die er anzünden muss. Wenn er eine Kerze versäumt, fährt diese auf dem Laufband weiter und er kann sie nicht zurückholen. Wenn er das merkt und voller Bedauern dieser Kerze nachschaut, laufen weitere Kerzen an ihm vorbei. Nur wenn er sich auf den Augenblick konzentriert, kann er diese fatale Kette unterbrechen.

Setzen wir also unsere Einsicht in jeder Lebenslage und in jedem Alter als ein Geschenk ein, das uns und anderen nützt, damit die anderen Menschen sich an uns ein Beispiel nehmen können. Hildegard sagt, die Menschen sollen durch unser Tun „herausgefordert" werden, um Gott dafür zu loben. Darin steckt ein hoher Anspruch. Dabei kann es sich nur um den Anspruch Gottes handeln, der im Hauptgebot formuliert ist: „Liebe den Herrn deinen Gott über alles und deinen Nächsten wie dich selbst".

Jeder Mensch, der darüber nachdenkt, wird zustimmen: Wenn es einem Menschen gelingt, sein Tun an dieser Weisung Gottes auszurichten, ist er ein leuchtendes Beispiel. Spätestens hier muss jedem Menschen klar werden, dass alle Weisungen Gottes der Ordnung der Liebe entspringen, in der allein das Leben gedeihen kann. Genauso lässt sich nicht verbergen, welcher Geist hinter der Ablehnung des göttlichen Gesetzes steht und welche Folgen zu erwarten sind.

Die Weisungen Gottes sind die Lebensgesetze. Ohne die Einhaltung dieser Ordnung ist weder das Leben des Einzelnen noch der menschlichen Gemeinschaft möglich. Wer ehrlich in sich hineinhört, spürt in tiefster Seele die Richtigkeit der göttlichen Weisungen. Je mehr Menschen von dieser „Freiheit der Kinder Gottes" erfüllt sind und sie nach außen tragen, desto anziehender und überzeugender wird diese Botschaft sein. Und davon ist kein Alter ausgenommen.

„Du hast sehr viel Einsicht in dir, viel wird von dir verlangt werden."

Wir haben bisher gesehen, dass die hl. Hildegard den Menschen sehr positiv zeichnet, weil sie ihn immer aus dem Blickwinkel Gottes sieht. Er ist in seiner Ausstattung unübertroffen, er hat Vernünftigkeit und Einsicht, Empfindungsfähigkeit und Willensfreiheit und ist damit ein Abbild Gottes. Damit sprechen wir von der geistigen Seite des Menschen, die wir Seele nennen, mit der wir Anteil am geistigen Reich Gottes haben, die andererseits aber, wie wir bereits besprochen haben, existentiell mit dem Leib verbunden ist. Das schafft eine Spannung in der menschlichen Existenz, weil der geistige Anteil, die Seele, nicht den natürlichen Abläufen unterworfen ist, d. h. sie altert nicht, muss sich aber mit den Alterungsprozessen und den irdischen Wünschen des Leibes auseinandersetzen. Immer deutlicher kristallisiert sie sich als die Schaltzentrale im Handeln des Menschen heraus. Bereits im frühen Kindesalter fällt das Kind eigene Entscheidungen, und im Alter will der Mensch aufgrund eigener Einsicht entscheiden. Zwar tut sich die Seele oft sehr schwer, sich mit ihrer Erkenntnisfähigkeit angesichts vieler widerstrebender Wünsche, aber auch wegen körperlicher Defizite oder altersbedingter Abbauerscheinungen des Menschen zu arrangieren.

Mit der Einsicht ist auch die Verantwortung für das Handeln verbunden. Da regt sich ein deutliches Unbehagen. Will ich das wirklich? Eigentlich möchte ich nicht daran erinnert werden, weil es mich beunruhigt.

„So schaue denn, o Mensch, in dich hinein.“

Diese Aufforderung der hl. Hildegard lässt uns ziemlich ratlos stehen. Wie soll das denn gehen? Ich komme mir vor wie auf einem schwankenden Steg: in mich selbst hineinschauen! Es scheint, als ob jeder andere Weg besser ausgeschildert, besser ausgebaut und besser beleuchtet wäre als der Weg in das eigene Innere. In einem fernöstlichen Sprichwort heißt es, dass es viel leichter sei, einen schwarzen Käfer auf einem schwarzen Stein in einer stockdunklen Nacht zu erkennen, als einen eigenen Fehler. Wollen wir uns vor diesem Einblick in das innere Labyrinth unserer versteckten Beweggründe und Ausflüchte nicht drücken? Jeden Tag stehen wir ständig vor Entscheidungen, in denen es in kleinen und großen Dingen um richtig oder falsch, gut oder böse geht. Aber das passt uns nicht, wir möchten es gerne bequemer haben. Wie wir beobachten können, scheint dieses Problem nicht erst in unserer Zeit aufgetreten zu sein. Hildegard schildert ein Zwiegespräch zwischen Mensch und Gott in ihrem Scivias (Sc. 1/4).

„Doch du, o Mensch, sagst: ‚Ich kann nichts Gutes tun.‘
Ich aber werde erwidern: ‚Du kannst es.‘
Und du sagst: ‚Wie?‘
Und ich antworte: ‚Durch Einsicht und Handeln.‘
Und du erwiderst: ‚Dem stimme ich nicht zu.‘
Und ich antworte: ‚Lerne, gegen dich anzukämpfen.‘
Doch du sagst: ‚Ich kann nicht gegen mich kämpfen,
wenn nicht Gott mir zuvor beisteht.‘

Höre also, wie du gegen dich selbst ankämpfen sollst:
Wenn das Böse in dir aufsteigt,

sodass du nicht weißt, wie du es abschütteln sollst,
dann bist du von der Einwirkung meiner Gnade berührt,
denn sie berührt dich auf den Wegen deiner inneren Augen.
Dann rufe sogleich laut, bete, bekenne und weine,
damit Gott dir zu Hilfe eilt,
das Böse von dir nimmt und dir Kräfte zum Guten gibt.
Das weißt du aus deiner Einsicht, durch die du im Heiligen Geist Gott erkennst.

Doch du, o Mensch, bist blind zum Sehen, taub zum Hören,
und töricht zu deiner Verteidigung,
weil du den Verstand, den Gott dir eingegossen hat,
und die fünf Sinne deines Leibes, die er dir gegeben hat,
gleichsam für Mist und Quatsch hältst.

Hast du nicht Verstand und Wissen?
Das Reich Gottes kann man erkaufen,
aber nicht mit Geplänkel erwerben."

Schauen wir diesen Text einmal genauer an. Der Mensch sagt: *„Ich kann nichts Gutes tun."*
Diese Ausrede scheint so alt zu sein wie die Menschheit selbst: Ich bin eben so, wie ich bin, und da kann ich nichts daran ändern. Deshalb kann ich doch nichts dafür und niemand kann mir vorwerfen, etwas Schlechtes zu tun! Die Liste der Ausflüchte ist lang und in unserer Zeit sind sie wissenschaftlich hoffähig geworden. Sie sind dem heutigen Menschen durchaus geläufig: Subjektive Wahrnehmung, Relativierung der Beweggründe, Täuschung und Irrtum, Erfüllung lediglich unbewusster Wünsche, Befriedigung notwendiger Bedürfnisse, seelische Schwäche infolge widriger

Umstände, Abbau von Aggressionsstau – die Reihe möglicher Erklärungen und Gründe für moralisches Fehlverhalten kann noch erweitert werden. Auf keinen Fall dürfen in unserer Zeit Schuldgefühle, darf ein schlechtes Gewissen erzeugt werden. Die Frage, ob objektiv Schuld vorliegt, ob ein Mensch mit voller Überzeugung einem anderen Menschen seelisch oder körperlich schadet, wird, soweit ich es wahrnehme, nicht mehr gestellt. Zur Diskussion steht heute nur noch die subjektive Ebene der bewussten oder unbewussten Gefühle.
Ein rätselhafter Zwiespalt quält den Menschen: Er weiß um das Gute, und eigentlich will er es auch, weil es ihm gut tut. Hildegard erkennt: ***„Der Mensch ist von Natur aus gut, aber er ist anfällig für das Böse.“***

Der hl. Paulus sagt sinngemäß: Der Mensch tut nicht das Gute, das er will, sondern das Böse, das er nicht will. Die Menschheitsgeschichte ist voll davon. Es ist hier nicht der Ort, um die vielen Erklärungsversuchte für dieses Phänomen zu besprechen; wir wollen Hilfen bedenken, wie wir in unserem Leben damit am besten zurechtkommen. In allen Religionen war den Menschen bewusst, dass dunkle geistige Kräfte und Mächte den Menschen bedrohen, und sie versuchten, Abwehrstrategien zu entwickeln. Paulus sagt: „Wir kämpfen nicht gegen Fleisch und Blut, sondern gegen Mächte und Gewalten.“
In vielen Naturreligionen beherrscht die Angst den Menschen, der sie sich ausgeliefert fühlen. Auf der Insel Bali steht vor den Häusern ein kleiner Opferstock, auf dem dreimal täglich den Dämonen geopfert werden muss, damit sie die Menschen verschonen. Aus dieser Angst sind viele Zauberrituale und magische Beschwörungen entstanden.

Auch in der westlichen Welt herrschen viele Ängste und die entsprechenden Abwehrmechanismen. Es scheint weitestgehend nicht mehr bewusst zu sein, welche Befreiung die christliche Lehre gebracht hat.
Bei der hl. Hildegard erfahren wir durch ihre mystische Schau einerseits die klare Mitteilung von der Existenz der dunklen Mächte, andererseits die Botschaft, dass uns Gott selbst in Jesus Christus durch seine grenzenlose Liebe aus der Gefangenschaft des Bösen und des Todes befreit hat. Die Liebe hat den Hass besiegt. Ist die Welt dadurch aber besser geworden? Die Entscheidung fällt nach wie vor in der Seele des einzelnen Menschen.
Hildegard sagt klar: Jesus Christus hat die Stufen der Erlösung von Sünde und Tod für uns bereitet, aber jeder Mensch muss sie betreten und selbst gehen. Die Erlösung ist kein automatischer Selbstläufer!
Aber wenn ein Mensch auf seine Seele hört, weiß er vom Guten, von Liebe und Glück. Dieses innere Wissen, unser Gewissen, lässt sich nicht völlig zum Schweigen bringen. In der Bibel spricht Gott: „Ich habe mein Gesetz in dein Herz gelegt." Alle Versuche, so zu tun, als ob wir es nicht kennen würden, bringen uns in innere Unruhe. Denn es ist wie ein Stachel in der Seele, den Gelüsten und dem Eigenwillen nachzugeben; der Mensch wird „aufgestachelt" zum Bösen. Hildegard sagt sogar: ***„Der Mensch hat einen Genuss am Tun des Bösen."***

Das Verhalten eines fünfjährigen Jungen während einer psychotherapeutischen Behandlung hat mich so sehr bestürzt, dass ich es bis heute nicht vergessen habe. Er hat gestottert und war sozial sehr auffällig, sodass die Erzieherin im Kindergarten mich, im Einvernehmen mit den Eltern, um

eine Therapie gebeten hat. Das Elternhaus war unauffällig, christlich geprägt, und der Junge hatte noch eine Schwester. Beim Gespräch mit den Eltern wurden erzieherische Schwierigkeiten verneint. Die Mutter litt an Krebs, ist auch nach nicht allzu langer Zeit daran gestorben. Angeblich gab es nur im Kindergarten Probleme, obwohl eine sehr fähige Erzieherin diese Gruppe leitete.
Jeden Morgen, wenn der Junge in den Kindergarten kam, ging er von Spielgruppe zu Spielgruppe, um die anderen Kinder zu ärgern. Er warf die aus Klötzchen gebauten Städte und Türme um, in der Malgruppe zerkritzelte er die Bilder der Kindern, beim Kneten zerdrückte er ihre Figuren, beim Puppenspiel warf er die Puppen im Raum herum, die gefertigten Handarbeiten zerstörte er. Wenn er keine Aktionsmöglichkeiten mehr sah, stellte er sich provozierend vor die Erzieherin und sagte: „Jetzt kannst du mich in die andere Gruppe tun oder bei der Mama anrufen."
In den Therapiestunden reizte er alle seine Möglichkeiten aus, um mich in eine erzieherische Ohnmachtssituation zu bringen, nach dem Motto: Jetzt will ich doch sehen, was sie tut! Dass es ihm nicht gelungen ist, mich wütend zu machen, verunsicherte ihn stark. Das therapeutische Spiel vollzog sich auf der symbolischen Ebene. Er sagte einmal: „Ich zünde jetzt die Puppe da an." Ich erwiderte: „Dann werfe ich sie ins Wasser." Darauf er: „Aber sie brennt im Wasser weiter", und schaute mich herausfordernd an. Daraufhin schwieg ich. Nach einer Pause sagte er: „Ich will böse sein." Das erlebte ich nur bei diesem Kind, dass es sich in dieser voll bewussten Klarheit ausdrückte. Nach einer einjährigen Therapiezeit von je einer Stunde in der Woche hat sich seine Sprache und sein Verhalten völlig normalisiert.

Noch eine andere Situation hat sich mir eingeprägt. Ein Junge von ebenfalls etwa fünf Jahren, dessen Eltern geschieden waren, erpresste von seiner Mutter Spielsachen, wenn sie von ihm Wohlverhalten einforderte.
„Ich tu das schon, aber nur, wenn du mir ein (Spiel-)Auto schenkst." Wenn die Mutter nicht darauf einging, machte er Terror und erhöhte seine Forderungen. Die Mutter klagte mir ihr Leid. Ich begann mit dem Kind ein Gespräch: „Du bist so ein netter Kerl, ich mag dich. Aber bei dir ist es manchmal so, wie draußen auf der Wiese. Das Gras möchte wachsen, aber dann kommt wieder Schnee darauf. Ich glaube, du ärgerst deine Mama schon sehr oft. Das gefällt mir nicht." Da verzog er sein Gesicht zu einem verschmitzten Grinsen und sagte: „Gell, das ist der Teufel." Er brachte den bösen Geist ins Gespräch, nicht ich.
Ich weiß, dass es nicht nur aufgestachelte Gefühle sind, die uns gegen unsere bessere Einsicht handeln lassen, sondern eine geistige Entscheidung, ganz bewusst Böses zu tun. ***„Der Mensch hat einen Genuss am Bösen."*** Das ist ein unbegreifliches Geheimnis unseres Lebens.

Der innere Kampf

Auch wenn wir es nicht wahrhaben wollen: Der Mensch steht ständig in einem geistigen Entscheidungskampf. Er beginnt in der Kindheit und endet erst mit dem Tod. Er hat verschiedene Inhalte und verschiedene Gesichter. In jedem Alter weiß der Mensch, wie das richtige Tun aussieht. Das innere Wissen um Gut und Böse ist nicht dem Alterungsprozess unterworfen. Durch meine Begegnungen mit behinderten Menschen weiß ich auch, dass diese Erkenntnis genauso in ihnen lebt. Von diesem Kampf der Seele hören wir in den oben angeführten Texten Hildegards. Wir betrachten sie jetzt im Einzelnen.

Gott spricht: „Du kannst das als gut Erkannte tun!"
Gegen diese Einsicht stellt sich der Mensch wie dumm und taub, um sich aus einer vertrackten Lage herauszuwinden.

Ich sage: „Ich habe keine Ahnung, wie das denn gehen soll."
Natürlich hat der Mensch in tiefster Seele das Wissen, was er jetzt tun müsste. Es ist müßig, all die Situationen aufzuzählen, wo das Wünschen und Begehren den Menschen so stark im Griff haben, dass vernünftige Einsichten keine Chance haben. Jeder kennt die Situationen, in denen er innerlich wie getrieben oder gefangen ist, aber genau weiß, was er eigentlich zu tun hat.

Die Antwort lautet: „Durch Einsicht und Handeln."
Genau diese Einsicht soll doch unterdrückt werden. Denn sonst würde möglicherweise das wohldurchdachte Arrangement ins Wackeln geraten, ich könnte in prekäre Situationen kommen, könnte mich blamieren. Außerdem würde ich nicht das erreichen, was ich unbedingt will. Ich weiß zwar, dass es nicht richtig ist, was ich da vorhabe; es darf auch niemand davon erfahren, weil die Sache faul ist. Ich weiß genau, ich müsste aus dieser Sache aussteigen.

Ich erwidere: „Dem stimme ich nicht zu. Damit bin ich nicht einverstanden."
Mit dieser Entscheidung wäre die Sache eigentlich abgeschlossen. Aber das ist nur ein Wunsch. Ärgerlich ist, dass

mein Gewissen mir keine Ruhe lässt. Vielleicht kann ich in der Folgezeit nicht mehr richtig schlafen und bin entsprechend gereizt und unkonzentriert, das Essen schmeckt auch nicht mehr, und der „Tröster Alkohol“ steht öfter als zuträglich auf dem Tisch.

Die Stimme Gottes in der Seele mahnt: ***„Lerne, gegen dich anzukämpfen!“***
Wie gut Hildegard doch die Ränke im Herzen der Menschen kennt. Wenn der Mensch nicht will, ist ihm jede Ausrede recht. Und durch fromme Ausreden lässt sich das Gewissen vielleicht noch am ehesten besänftigen.

Doch ich sage: „Ich kann nicht gegen mich kämpfen, wenn nicht Gott mir zuvor beisteht.“
Damit habe ich mich sehr elegant aus der Schlinge gezogen: Gott weiß ja, dass ich ein schwaches Geschöpf bin, das eigentlich schon guten Willen hat, aber aus eigener Kraft nichts fertigbringt. Wenn jetzt mein Kampf gegen das sogenannte „Böse“ nicht erfolgreich ist, dann liegt es nicht an mir, sondern an der fehlenden Unterstützung durch Gott.
Hier scheint bereits ein Prozess in Gang gekommen zu sein. Der Mensch leidet darunter, dass sein Gewissen ihn immer wieder daran erinnert, dass sein Tun nicht in Ordnung ist, dass ihn die Erfüllung seiner egoistischen Wünsche und Bedürfnisse belastet, dass er nicht aus der „Gefangenschaft des Bösen“ ausbrechen kann. Die „Inneren Augen“ wurden schon von Gott berührt. Der Leidensdruck wird stärker und er gefällt sich selbst nicht mehr. Er weiß genau, dass er es bitter nötig hat, Gott um die Kräfte zum Guten zu bitten.

„Das weißt du aus deiner Einsicht, durch die du im Heiligen Geist Gott erkennst."
Eigentlich müsste die Sache jetzt einen guten Weg gehen, weil der Mensch sich Gott zugewandt und von ihm Hilfe erbeten hat. Aber die Lebenserfahrung sagt uns etwas anderes. Hier fallen mir viele gutmeinende, fromme Menschen ein, die sagen: „Jetzt habe ich schon so viel gebetet, und trotzdem hat Gott mir nicht geholfen. Es hat sich nichts geändert. Das Gebet hilft doch nicht."

Blind und taub

An dieser Stelle erweist sich Hildegard als psychologisch kompetent, die sich in ihrer inneren Schau nicht täuscht. Im weiteren Hildegard-Text bekommen wir eine eiskalte Dusche:
„Doch du, o Mensch, bist blind zum Sehen, taub zum Hören, und töricht zu deiner Verteidigung, weil du den Verstand, den Gott dir eingegossen hat, und die fünf Sinne deines Leibes, die er dir gegeben hat, gleichsam für Mist und Quatsch hältst."

Wie mit einem Posaunenstoß werden wir wachgerüttelt und die fadenscheinigen Ausreden werden entlarvt. Wir können nicht Gott dafür anstellen, was wir selbst tun müssen. Wir dürfen nicht mit frommen Reden die Hände in den Schoß legen und erwarten, dass Gott unsere Sachen erledigt.
Eindeutig an diesem Hildegard-Text ist der Hinweis, dass die Anrufung der Hilfe Gottes notwendig ist, sie aber in keiner Weise die eigene Anstrengung ersetzen kann. Wer meint, dass er – weil er gebetet hat – nicht mehr darüber

nachzudenken braucht, was er tun muss, um aus einer schwierigen, vielleicht sogar scheinbar aussichtlosen Situation wieder herauszukommen, dem kann Gott auch nicht helfen. Wer dann noch seine Bequemlichkeit mit einer scheinbaren „Demut" bemäntelt und sagt: „Gott ist größer und weiß besser als ich, was für mich gut ist", darf sich nicht über sein Unglück beklagen.

„Du bist blind zum Sehen und taub zum Hören ... weil du den Verstand ... und die fünf Sinne deines Leibes für Mist und Quatsch hältst."

Ist das nicht eine schlimme Sache? Den eigenen Verstand und das, was ich durch die Sinne von der Außenwelt durch Sehen und Hören wahrnehme, für Dreck und Mist halten! Wir sehen, dass Hildegard kein Problem mit treffenden und kräftigen Ausdrücken hat.
Hildegard schockiert nicht ohne Grund mit ihrer Warnung: ***„... weil du den Verstand und die fünf Sinne für Mist und Quatsch hältst ... bist du wie blind und taub."*** Auch in der Bibel steht: „Sie sehen und sehen nicht, sie hören und hören nicht." Mit einer derartigen Einstellung ist es unmöglich, eine Orientierung im Leben zu finden.
Allerdings gibt es im Verlauf des Lebens kritische Phasen, in denen Zweifel an den eigenen geistigen Fähigkeiten aufkommen können, das sind vor allem die Jugendzeit und der Beginn des Alters. Leider verstärken oft die Mitmenschen in liebloser Weise durch geringschätzige Bemerkungen solche Krisen. In solchen Phasen braucht der Mensch eine gute Rücklage an Selbstwertgefühl aus der aktiven Phase des Lebens, um standzuhalten, oder noch besser gute Freunde, um besondere Stärken und Fertigkeiten wiederzuentdecken,

gegen die Entmutigung zu kämpfen und Gott für die guten Gaben zu danken. Der Impuls heißt: Du kannst das!
„Das Reich Gottes kann man erkaufen, aber nicht mit Geplänkel erwerben."
Ein Zitat von Erich Kästner passt in diese Thematik: „Es gibt nichts Gutes, außer man tut es." Die Heilige Schrift und die hl. Hildegard sagen dasselbe: Das Himmelreich – den Zustand der Freude, der Liebe und des Friedens – erreichen nicht diejenigen, die sagen „Herr, Herr!", sondern jene, die ihre Kräfte dafür einsetzen, dass es auch geschieht. Gott glaubt an uns und hilft uns, aber er tut es nicht anstelle von uns!

„Manchmal berühre ich den Menschen auch in seiner Seele und mahne ihn, damit zu beginnen, Gerechtigkeit zu wirken und das Böse zu meiden.
Doch er verschmäht mich und meint, es sei ihm möglich, das zu tun, was er will.
Er bestimmt sich selbst die Frist für die Reue
bis zu der Zeit, wenn sein Leib aus der Naturgegebenheit eines schlaffen Lebensabschnittes mit ihm übereinstimmt, und er auch wegen seines hohen Alters Widerwillen gegen weiteres Sündigen empfindet.
Dann ermahne ich ihn wiederum und ermuntere ihn zum Guten und dazu, seiner Neigung zu widerstehen."

So war es immer schon, wie das Sprichwort sagt: „Gottlob, nun sind sie tugendlich, sie haben alles hinter sich!" Man führt sein Leben so, wie es einem Spaß macht, ein langweiliges, tugendsames Leben kommt im Alter noch früh genug. Und die gelegentlichen Gewissensbisse kann man leicht übertönen. Die unliebsamen Dinge vergisst man dann am besten.

Gott lässt sich ja scheinbar problemlos auf die Seite schieben, denn er kann den Menschen ja nicht zwingen. Er gab dem Menschen seinen freien Willen, vor dem auch der allmächtige Gott selbst ohnmächtig ist. Er kann nur an seine Einsicht appellieren. *„Ich stehe vor der Tür deines Herzens und lausche, wie du dein Herz erforscht."* Er hat kein Brecheisen, um die Tür aufzubrechen. Gott wartet auch, bis der Mensch in ein Alter kommt, in dem ihm viele Dinge wie Reichtum, Ansehen, Sexualität u.a. nicht mehr in gleicher Weise wie früher zur Verfügung stehen. Das ist eine mögliche Chance des Alters, die zu mehr Weisheit führen kann.

„Wie der Mensch später vom Alter ermüdet, so macht auch die Seele durch die Werke in der Entwicklung Fortschritte. Von den guten Werken wird sie wie mit einem königlichen Mantel umgeben, von den bösen aber verdunkelt."
(CC S. 69)

In diesem Text wird deutlich, dass die Seele in einer direkten Abhängigkeit von den Taten steht. Sie kann sich nur positiv weiterentwickeln, wenn sich der Mensch für das erkannte Gute entscheidet. Hildegard schaut das einprägsame Bild vom „königlichen Mantel", in den die Seele gekleidet wird. Aber auch die schlechten Taten haben Folgen. Obwohl die Seele geistiges Licht von Gottes Licht ist, kann sie nicht verhindern, dass sie durch schlechte Taten des Menschen an Lichtkraft und Klarheit einbüßt. Sie leidet sehr darunter und ihr Leib leidet mit ihr.

Gott spricht:
„Solange der Mensch mich dann nicht beachtet, wird er durch viele Widrigkeiten, die er mit seinem Reichtum und

anderen ähnlichen Angelegenheiten erleidet, dazu geführt, dass er gleichsam unfreiwillig und gegen sich selbst das Gute tun muss ... Dieser Mensch hat mich unentschlossen aufgenommen."

Wenn schon nicht durch Einsicht, so wird der Mensch durch die natürlichen Folgen seines Tuns gezwungen, von seinen falschen Taten zu lassen. Lange Zeit kann der Organismus manche „Sünden" verkraften, aber die Schlacken setzen sich fest. Vieles aber geht besonders im Alter einfach nicht mehr. Dann erledigen sich viele Dinge von selbst; wer zum Beispiel geglaubt hat, seiner Schlemmerei ungehemmt frönen zu dürfen, wird irgendwann sehr unangenehme gesundheitliche Folgen spüren.

„Wenn der Mensch sich in die Finsternis seiner schlechten Taten hineinwühlt wie ein Wurm in das Bohrloch des Drecks, dann ermatten die Kräfte der Seele in den Adern, im Mark und in den Gelenken, weil sie nicht erwärmt wird vom Feuer des Heiligen Geistes."

Als ich diese Metapher zum ersten Mal gelesen habe, bin ich zutiefst erschrocken. Wenn der Mensch mit vollem Bewusstsein Böses tut, dann ist es so, als wenn er sich *„in das Bohrloch des Drecks hineinwühlt wie ein Wurm"*. Er verliert jede menschliche Würde. Er verbohrt sich im Dreck, in der geistigen Finsternis. Und das hat nicht nur seelische, sondern auch körperliche Folgen, weil eine ermattete Seele dem Leib keine Kraft mehr geben kann. Wenn wir die von Hildegard genannten Teile des Körpers wie Adern, Mark und Gelenke, und die dabei möglicherweise auftretenden Störungen ernst nehmen, erschrecken wir über die dann unter Umständen ernsten Erkrankungen. Für uns heutige an naturwissenschaftliches Denken gewöhnte Menschen ist der Hinweis auf das Fehlen des „Feuers des Heiligen Geistes“ sehr fremd, wogegen der Hinweis auf die Erwärmung (Durchblutung) wieder leicht verständlich ist.

Das Alter, ein „schlaffer Lebensabschnitt“

Neben der schnellen Ermüdbarkeit, der länger dauernden Regeneration der Körperkräfte, den langsameren Reaktionen im Alter lauert noch ein anderer Schatten: die Demenz. Die Pflegeversicherungen haben ihre Beiträge und Leistungen darauf abgestimmt; psychische und körperliche Einschränkungen werden gleichgestellt. Für die nächsten Jahre und Jahrzehnte werden steigende Zahlen von Demenzerkrankungen prognostiziert, wobei die Krankheit bereits in jüngeren Jahren beginnt. Über die Gründe wird gerätselt. Wie eine Angstglocke liegt diese Bedrohung über unserer Gesellschaft. Eine medizinische Behandlung liegt in weiter Ferne. Bleibt also nur noch, uns in das unabänderliche Schicksal zu fügen, nicht wissend, wann es uns erwischt? Die Wahrscheinlichkeit nimmt mit zunehmendem Alter zu.

Es soll mir erlaubt sein, einige nachdenkliche Fragen zu stellen. In der Generation meiner Eltern gab es, soweit ich es überschauen kann, keine Demenz, nur selten kleine Gedächtnisausfälle etwa bei Namen.

- Liegt es an der Ernährung? Die häufig verzehrten Fertignahrungsmittel oder Gewürzmischungen enthalten oft Glutamat als Geschmacksverstärker, das als Nervengift bekannt ist. Auch Aluminium steht im Verdacht, Nervenzellen zu schädigen. Sind nicht viele Lebensmittel in Alu-Folie eingepackt?

- Liegt es an unseren Lebensgewohnheiten? Die ständige „Berieselung“ durch Medien schwächt das eigene Denken, außerdem wird eine Überreizung der Nerven provoziert.
- Liegt es an Hetze und Stress, weil der moderne Mensch von Angst gejagt wird, etwas zu versäumen? Er gönnt sich nicht mehr die nötigen Erholungsphasen und besinnliche Stille, um an Leib und Seele zu regenerieren, wie z. B. Gebet und Gottesdienst.
- Liegt es an nicht gelösten Problemen? Das innere Wissen der Seele über ein falsches Verhalten will nicht wahrgenommen werden. Das schlechte Gewissen ist unbequem, deshalb muss der Mensch vergessen, und das möglichst umfassend.
- Liegt es am Fehlen einer Antwort auf den Sinn des Lebens? Wer nicht mehr weiß, wozu er auf der Erde ist, weiß auch nicht – und will auch nicht wissen –, wohin er gehen soll. Er weiß einfach nichts mehr; er hat es aufgegeben zu fragen.
- Liegt es an der fehlenden Beziehung zu Gott? Wer sich dem Anruf Gottes in seiner Seele entzieht, fällt in die Isolation der Verzweiflung am eigenen Wesen. Diese Gefängnismauern lassen kein Licht mehr durch.

Im Alter besteht die letzte Chance einer Kurskorrektur.

Die Wunden des Herzens und der große Arzt

Es ist eine sehr ernste Sache, wenn der Mensch sein Leben gegen die Wand fährt, weil er sich nicht mahnen lassen und einfach nicht verstehen will. Hildegard erfährt, dass es die Sorge des Vaters ist, die den Menschen aufrüttelt. Er kann nicht untätig zusehen, wie sich die Menschen selbst die schlimmsten Wunden zufügen.

„Dennoch will ich ihn nicht im Stich lassen, denn ich habe mich nicht vergeblich um ihn bemüht. Ich ekle mich nämlich nicht, eitrige Wunden zu berühren, die vom Schmutz des Wurmfraßes, nämlich einer Unzahl von Lastern, dem üblen Geruch des schlechten Rufens und der Lauheit durch eingewurzelte Sündenbosheit, umgeben sind. Ich werde es auch nicht verachten, jene Wunden sanft zusammenzuziehen ... und sie mit der linden Wärme der Aushauchung des Heiligen Geistes zu berühren.
Und selbst wenn sie so verhärtet sind wie Stein, nämlich zu einer solchen Hartnäckigkeit, die niemand aufzubrechen wagt: das sind die unerträglichen Laster und Vergehen, womit sich jene Menschen mit allzu schweren Bürden beladen, was dann? ...
Ich will dennoch diesen Menschen nicht verlassen, sondern für ihn ein Beistand sein in Kampf und Gefecht ...
Dagegen ist es die Speise des Teufels, die Menschen in den Tod hinabzustoßen ...
Doch von diesen Menschen erkennen mich viele. Wie? Sie sagen: Weh mir, was soll ich tun? ...
Dann berühre ich wieder seine Wunden ...
Daher blickt er wieder in sein Inneres und wendet sich der wahren Reue zu.“
(Sc. 3/8)

Damit ist der Punkt gekommen, um in Erschütterung über die eigenen Taten durch aufrichtiges Bekenntnis, Gegensteuern durch gute Taten und Buße eine neue Richtung einzuschlagen. Hildegard beschreibt sehr ausführlich, welche Schmerzen diejenigen Menschen auf dem weiteren Lebensweg aushalten müssen, die sich lange Zeit hartnäckig einer besseren Einsicht verschlossen haben.

„Rufe, bekenne, bete und weine"

Kein Mensch kann für sich allein sein. Der Mensch ist ein dialogisches Wesen. Er muss sich aussprechen. Der Gedanke bekommt erst im Wort eine Gestalt, wird fassbar. Im Wort stelle ich eine Sache vor mich hin und kann sie von allen Seiten anschauen. Das Wort verlangt ein Gegenüber, eine Antwort, ein Echo, damit es wieder zu mir zurückkommen kann. Gott ist Person, unser Gegenüber, dem wir Ver-Antwortung schulden. Er ist mit unserer Seele ständig in Verbindung. Hildegard von Bingen war der offene, empfängliche Mensch, der für die Botschaften Gottes immer „auf Empfang" war. Sie sagt uns, dass wir die innersten Gedanken unserer Seele vor Gott aussprechen dürfen und sollen, weil er unser liebender Vater ist. Gerade dann, wenn ich in einer Sackgasse des Lebens gelandet bin, wenn meine Seele gefangen ist, wenn ich mich schäme, steht mir dieser Weg offen, und es ist nie zu spät.
„Die Reue ist wirklich eine Medizin." Die Möglichkeit der Beichte in der katholischen Kirche ist ein unschlagbares Angebot. Der Mensch darf – dem Priester im Auftrag Gottes – ungeschützt seine Schwächen und auch seine Schuld bekennen und darauf vertrauen, dass nicht Verurteilung, sondern Vergebung auf ihn wartet.

„Gott spricht: Ich weiß, du bist ein schwaches Gefäß. Daher will ich mich mit dir verbinden und mit deinem Schmerz mitleiden. Und wenn du auch zuweilen gefallen bist, erhebe dich schnell und bereue es aus ganzem Herzen. Und ich nehme dich auf und heile dich."

Die Sehnsucht der Seele

In der aktiven Lebensphase sucht der Mensch nach immer neuen Zielen, nach einer Steigerung des Lebensgefühls, des Genusses, des Erfolges und des Glücks: Man will mehr haben, intensiver leben, schneller, weiter, höher. Diesem Sog sind die jungen Menschen genauso ausgesetzt wie die älteren. Oft hält der Reiz des Neuen nur kurze Zeit an, und bei jedem neuen Glücksexperiment wird die Zeit der Faszination kürzer. Langeweile und Enttäuschung melden sich.

„Die Menschen ersticken in ihrem Überfluss."

Wer nicht weiß, dass Hildegard eine Prophetin aus dem 12. Jahrhundert ist, denkt, dass sie heute lebt. Treffender könnte man die heutige Situation kaum beschreiben. Sie weiß, dass die Seele hungert nach den Werken der Gerechtigkeit und den guten Taten der anderen Tugenden wie Wahrheit, Freigebigkeit, Friedfertigkeit und viele andere mehr. Wenn sich die Sehnsucht auf vergängliche Dinge richtet, welche die Sehnsucht der Seele nicht erfüllen können, dann gerät die Suche in Gefahr, zur Sucht zu werden. Ein gefährlicher Weg führt in die Abhängigkeit von Alkohol, Medikamenten und Drogen. Bei anderen Menschen lösen die vielerlei lockenden Reize eine Überreizung aus, die sich u. a. in Konzentrationsstörungen, Übellaunigkeit, körperlicher und seelischer Unruhe oder Schlaflosigkeit äußern können. Die vielen Reize erhöhen die sog. Reizschwelle, sodass immer weniger von dem „Immer-Mehr" wahrgenommen wird und eine beängstigende innere Leere entsteht. Öfter berichten mir Menschen, die das 40. Lebensjahr überschritten haben, dass sie eine Veränderung in der Wahrnehmung erleben. Die Welt der Äußerlichkeiten erscheint als hohle Fassade und sie suchen nach einer neuen Lebensorientierung. Dafür gibt es auch einen Namen: „Midlife-Crisis“, die Krise der mittleren Jahre. Jetzt beginnen bei einigen Menschen auch Depressionen und das „Burn-Out-Syndrom“, das Ausgebrannt-Sein.

Der Pastoraltheologe Prof. Paul M. Zulehner hat hierfür ein beeindruckendes Bild gefunden: Der moderne Mensch befindet sich in seinem Auto auf einer Bergfahrt. Alle Möglichkeiten stehen ihm offen: Karriere, Reichtum, freie Liebe, Vergnügen, Ehre und Macht. Der Weg führt immer höher. Es muss doch noch mehr geben. Dabei merkt er nicht, dass er die Kuppe des Berges erreicht hat. Mehr gibt das Leben nicht her, aber kann es nicht wahrhaben. Also tritt er aufs Gaspedal. Er hat nicht gemerkt, dass er sich bereits auf der abschüssigen Strecke befindet. Sein Tempo ist überhöht. Die kurvenreiche Straße wird ihm zum Verhängnis: Es trägt ihn aus der Kurve. Nicht nur das Auto ist demoliert, sondern er selbst ist verwundet.

Die Frage drängt sich auf: Was hat das alles für einen Sinn? Was bleibt am Ende übrig? Die hochfliegenden Pläne der Jugend sind flügellahm geworden, die Vergnügen verlieren an Reiz, Schicksalsschläge lähmen die Kraft. Der geistige Hunger treibt die Menschen um. Die bleibenden Werte, das, was uns im Innersten glücklich macht und mit Freude erfüllt, das liegt nicht auf der Straße. Eine etwa 50-jährige Bekannte, die ich als tiefgläubige Christin erlebte, sagte mir: „Vor zwei Jahren hättest du mir nicht mit Gott kommen dürfen. Es waren sehr schwierige Jahre und es hat mich mächtig umgetrieben.“ Es ist so, wie wenn ein Erdbeben das Lebenshaus ins Wanken bringt. Vielleicht wird auch manche Innenwand beschädigt, sodass eine neue stabile tragende Wand eingezogen werden muss. Für diese Aufgabe bekommt der Mensch die späteren Jahre des Lebens geschenkt, den sogenannten Ruhestand.

Welches Ziel hat die Sehnsucht der Seele?

Wer in sich hineinhört, wird in der Tiefe seiner Seele Folgendes entdecken: Der Mensch sehnt sich nach bedingungsloser Liebe, nach Glück und nach Freude. Diese Sehnsucht ist unabhängig vom Alter, von der äußeren Lebenssituation und von unserer körperlichen Verfassung. Die Seele altert nicht! Die Erinnerungen an Glücksmomente des Lebens haben in jedem Alter die gleiche Qualität. Der Mensch scheint ein ganzes Leben lang auf der Jagd danach zu sein. Das ist ein Geheimnis, dem wir wohl nie auf den Grund kommen werden. Wir fragen deshalb bei der Seherin Hildegard von Bingen nach. Was sagt sie zu dieser in der menschlichen Seele eingewurzelten Sehnsucht nach Liebe, Glück und Freude? Wo kommt sie her?

„Die Seele entstammt den himmlischen Harmonien und vergisst ihr Wissen darum nie.“

Die *„himmlischen Harmonien“* sind der Bereich der Engel. In gewaltigen Visionen sieht Hildegard die Engel als *„Lichtgeister der Sehnsucht, lebendige Lichtkreise von flammender Liebe. Es könnte gar nicht anders sein, als dass sie strahlen, weil das Licht nicht sein kann, ohne dass es leuchtet. Sie verkündigen beständig Gottes Ruhm mit der Stimme des Lobes* *und der Liebe, weil sie nichts anderes ersehnen, als Gott zu schauen und zu preisen. Sie künden von der Gottheit mit den lebendigen Tönen ihrer herrlichen Stimmen, die zahlreicher sind als der Sand am Meer ... Herrlicher ist dieser Klang als die Musik des Äthers ...“* (LDO, 6. Schau). Engel sind selige Geister, reines Lob Gottes.

Die Engel sind *„lebendige Lichtkreise von flammender Liebe ... mit lebendigen Tönen ...“* Eine schwache Ahnung davon geben uns moderne Lichtinstallationen, die meist mit Musik kombiniert werden. Sie treffen auf eine Stimmung unserer Seele, die uns glücklich macht. Warum wohl in unserer kalten, technisierten Welt die Engel ein Comeback erleben, allerdings in einer esoterischen Version oder, noch schlimmer, als kommerzialisierte Flügelgestalten? Vielleicht deswegen, weil eine rationalisierte christliche Verkündigung sich von den Engeln weitestgehend verbschiedet hat. Aber die Seele vergisst das Wissen darum nie.

Die Seherin Hildegard hört und schaut diese *„Lichtgeister der Sehnsucht“*, die strahlen und leuchten und immerzu *„Gottes Ruhm mit der Stimme des Lobes und der Liebe verkündigen.“* Das Licht Gottes ist immer das wärmende Licht der Liebe. Und mit diesem Wissen ausgestattet bewohnt die Seele ihren Leib.

Von der Freude, ein Mensch zu sein

Die Seele spricht: *„Wie freue ich mich, dass ich in euch gesandt wurde, ihr mein Fleisch und ihr meine Glieder. Denn wenn ihr mit mir übereinstimmt, schickt ihr mich zu den ewigen Belohnungen.“* Die Seele, die aus der himmlischen Harmonie kommt, bringt diese Freude mit auf die Erde und weiß auch, welches ihr Ziel ist. Sie freut sich, dass sie mit ihrem Leib leben und wirken darf. *„Die Seele liebt ihren Leib und hält ihn für ein erfreuliches Gewand und eine schöne Zier."* Dieser Satz der hl. Hildegard war für mich wie ein Weckruf: So positiv wurde sonst nirgendwo in der christlichen Verkündigung über den Leib gesprochen. Hildegard sagt uns, dass es ein freudiges Ereignis ist, als Mensch zu leben. Die höchste Aufwertung erfuhr der Mensch durch die „Menschwerdung" des Wortes Gottes. Deshalb hat Gott den Menschen an Seele und Leib so großartig gestaltet.

„Als Gott dem Menschen ins Angesicht schaute, fand er an ihm sein großes Wohlgefallen, hatte er ihn doch geschaffen nach seinem Bild und seiner Ähnlichkeit."

Der Mensch lebt von der Resonanz. Es gehört zu den schönsten Erlebnissen, wenn mir ein anderer sagt: „Ich freue mich sehr und es ist gut, dass du da bist und so bist, wie du bist." Hildegard hat in einer einmaligen Weise erfahren: Gott schaut uns ins Gesicht, und er findet uns wunderschön! Das steht aber auch schon im Schöpfungsbericht: „Gott schuf den Menschen nach Seinem Bilde. Und es war sehr gut."
Die Antwort des Menschen finden wir in den Psalmen: „Ja, Herr, dich suche ich, dein Antlitz will ich suchen." Danach sehnt sich die Seele: liebend angeschaut zu werden. Zwei Menschen, die sich wirklich lieben, verlieren sich darin, sich gegenseitig in die Augen zu blicken. Diese Liebe kommt aus Gott. Ein Liebender findet den anderen immer schön, ganz gleich in welchem Alter. Die Falten spielen keine Rolle, im Gegenteil, es sind die Runen der Lebensgeschichte. Maßgebend für die Schönheit ist die Ausstrahlung eines Menschen, und die kommt aus der Seele. In den alten Weisheits-

schriften steht: „Jakob, der Patriarch, war schön im Alter." Der chinesische Philosoph Laotse sagte sogar: „Es gibt nichts Schöneres in dieser Welt als einen gesunden, weisen, alten Menschen." Wie haben sich doch die Zeiten geändert!

„Du zweifelst, ob dein Antlitz schön ist; aber jeder sieht von Weitem dein gutes Herz."

Das ist wieder einer der genialen Sätze Hildegards: Du grämst dich, weil du meinst, andere sehen besser aus, oder sie sind jünger und hübscher. Aber darauf kommt es doch überhaupt nicht an. Du hast ein gutes Herz, bist wohlwollend und mitfühlend. Und das sieht dir jeder am Gesicht an! Freue dich darüber!

Glücklich durch Harmonie von Seele und Leib

Das ist ein Idealzustand, den jeder haben möchte: Gern bei sich selbst zuhause sein. Die Meinungen, wie das zu erreichen sei, sind allerdings verschieden. Soll der Mensch einfach alle äußeren Reize ausschalten, Entspannungsübungen machen, in seine eigene Mitte gehen und meditieren? Das ist sicher eine gute Möglichkeit bei Überforderung und starker Anspannung. Weil der Mensch aber lebenslang in Widersprüchen lebt, wird das allein nicht genügen.

„Die Seele ist eine lebensfördernde Tugendkraft (vitalis virtus) des Leibes, dem sie niemals mit Freude zu sündigen erlaubt."
(LDO 1/4)

Die Seele ist die Herrin, der Leib ist die Magd. Wenn es der Seele gelingt, den Leib in Übereinstimmung zu bringen, *„da erreichen sie in einmütiger Freude den höchsten Lohn"* (WM 80). Die Seele ist die *„lebensfördernde Tugendkraft"*, die *Grünkraft*, die alle Lebenskräfte im Menschen fördert. Wenn sie, entsprechend ihrer Sehnsucht, mit ihrem Leib Gutes tun kann, dann *„steigt sie auf zur himmlischen Wohnstätte, wo sie von der Speise des Lebens erfrischt wird."* Wir dürfen diese Schau Hildegards sicher so verstehen, dass der Mensch von dieser Freude gekräftigt und erfrischt wird, weil sie für Seele und Leib die heilende Kraft schlechthin ist. Der Mensch kann aber niemals „mit Freude sündigen". Das Wort „sündigen" erzeugt beim modernen Menschen ein Unbehagen. Bei Paulus steht: Sündigen heißt, gegen die eigene Überzeugung zu handeln. Der Mensch hat die Freiheit, bewusst gegen die bessere Einsicht zu handeln: Wenn ein Mensch sehr lange Zeit Böses tut, verdunkelt er die Klarheit des inneren Wissens. Dann bringt er sein Gewissen zum Schweigen. Das hat dann nicht nur Folgen im sittlichen Leben, sondern ganz konkret im Körper. Die Vitalität wird geschwächt und der Mensch wird anfällig für Krankheiten, denn Krankheit ist Fehlen von Lebenskraft, weil ihm die Freude genommen ist.

Von der Freude, etwas zu bewirken

„Bei allem, was der Mensch tut, soll er immer nur Freude empfinden."

Der Mensch ist das einzige Geschöpf, das selbst wieder schöpferisch tätig sein kann. Die Engel sind als Geistwesen reines Lob Gottes, die anderen Geschöpfe loben Gott durch ihr Dasein, nur der Mensch lobt Gott durch sein Werk. Das ist lebensnotwendig für ihn. ***„Der Mensch heißt: Geist am Werk“***. Er kann an der Schöpfung mitgestalten; die Welt ist die „fabrica dei“ und jeder Mensch hat seine eigene „Werkbank“, entsprechend seiner Fähigkeiten. ***„Die Seele unterstützt das Fleisch und das Fleisch die Seele, weil durch die Seele und das Fleisch jedes einzelne Werk vollendet wird. Daher lebt auch die Seele auf, wenn sie mit dem Fleisch gute und heilige Werke vollbringt.“*** (WM S. 139) Hildegard betont immer wieder, dass sich der Mensch keine unnötigen Beschwerlichkeiten auferlegen soll, damit er immer mit Freude arbeiten kann. Denn Arbeit bringt Mühe und Anstrengung mit sich, die wir nur tragen können, wenn wir im Grund gerne arbeiten. ***„Übe dich also fleißig bei der Arbeit und du wirst davon Frucht haben. Und wenn du Frucht bringst, dann wirst du auch dafür Lohn erhalten.“*** In der Jugend sollen wir erkennen, welche Fähigkeiten der Mensch hat; in den späteren Jahren ist es notwendig, zu spüren, welche Fähigkeiten erhalten bleiben, um eine sinnvolle Tätigkeit zu finden. Wer sich an kleinen Erfolgen freuen kann, wird jung bleiben.

Liebe zu den Geschöpfen

Wir haben nur diese eine Welt, in der wir leben können. Aber unsere Umwelt ist in Gefahr; die Appelle zur Bewahrung der Schöpfung lassen sich nur schwer überhören. Oder stimmt das Wort: Wer mit Maschinen umgeht, bekommt ein Herz wie eine Maschine? Hildegard, die schonungslose Mahnerin, ruft: ***„Jedes Geschöpf nimmt Rücksicht auf ein anderes, nur der Mensch ist ein Rebell.“*** Die Freude bleibt auf der Strecke. Die eigene Bedürfnisbefriedigung mauert unsere Seele ein. Die oft stumpfen, freudlosen Gesichter der Menschen auf der Straße sprechen ihre eigene Sprache.

Glauben und sehen wir noch, dass ein liebender Gott die ganze Schöpfung mit einer unfassbaren Fantasie, Liebe und Freude geschaffen hat? Haben Sie schon einmal das Wunderwerk nur einer kleinen Blume betrachtet und gespürt, wie dabei das Herz warm wird?

„Die Blumen mit ihren Blüten schenken anderen Blumen den Duft, ein Stein verleiht dem anderen Glanz und jedes Geschöpf sehnt sich nach liebender Umarmung. Die ganze Schöpfung dient dem Menschen und legt ihm freudig ihre Güter ans Herz“ (MV S. 34). Wir sind eng verwandt mit den anderen Geschöpfen. ***„Denn der Mensch ist gewissermaßen ein Licht für andere Geschöpfe, die mit ihm zusammen auf der Erde weilen. Deshalb drängen sie sich vielmals an ihn heran und lecken ihn mit viel Liebe.“***

Gerade in den ruhigeren und oft eintönigen Jahren des Alters wird die Freude an den kleinen Dingen überlebensnotwendig. Hildegard hört die „Himmlische Freude“ sprechen: ***„Ich aber besitze hier schon die himmlische Heimat, da ich alles, was Gott erschuf, mit rechten Augen ansehe, während du, Weltschmerz, nur von schädlichen Dingen sprichst. Ich nehme die Blüten der Rosen und Lilien und die ganze Grünheit*** zärtlich ans Herz, indem ich allen Gotteswerken ein Lob singe“ (LVM).

Von Gott bedingungslos geliebt

Alle Mystiker leben in der inneren Gewissheit, dass Gott in ihrer Seele wohnt. Auch Hildegard von Bingen. Jesus selbst sagt: „Wer in mir bleibt und in wem ich bleibe, der bringt viele Frucht." Ist dieses Bewusstsein nicht nur dem heutigen Menschen allgemein, sondern auch den Christen sehr fremd geworden? Ein Grund mag darin liegen, dass die heute herrschende Richtung der historisch-kritischen Exegese (Schriftauslegung) sich ausschließlich mit der wissenschaftlichen Bearbeitung der Bibeltexte befasst. Die spirituellen, seelischen Innenerlebnisse des Menschen werden nicht mehr thematisiert.

„Der spätere Irrtum wird schlimmer sein als der frühere, weil sie Gott in der Schöpfung und in den Seelen gänzlich leugnen werden."

Die Seele des Menschen bleibt hungrig zurück. Jeder Mensch muss für sich entscheiden, ob er der Botschaft des Evangeliums glauben will, die die frohe Botschaft der Liebe Gottes ist. Die innerste Sehnsucht nach bedingungsloser Liebe kann nie von einem Menschen erfüllt werden, der selbst ein Bedürftiger ist. Deshalb ist die Situation besonders der älteren Menschen heute oft so trostlos, weil sie sich verlassen und ungeliebt fühlen. Ich weiß von Altenheimen, in denen es entweder gar keine Kapelle mehr gibt oder diese kaum mehr besucht wird. Und ich weiß von den dortigen Bewohnern, wie verzweifelt sie sind, sodass sie sich lieber das Leben nehmen würden. Das ist schrecklich.

„Der Unglaube wird überhand nehmen, deshalb wird die Liebe bei vielen erkalten."

Die Situation ist deshalb so aussichtslos, weil die herrschende Meinung ausschließlich die äußerlichen Dinge kennt, von denen kein Trost zu erwarten ist. Die leisen Töne der Seele werden übertönt, so dass der Einzelne nahezu machtlos ist. Wo sind die Menschen, amtlich bestellt oder aus eigenem Antrieb handelnd, die die „Frohe Botschaft" überzeugend weitergeben? Die Lehre der Hildegard von Bingen wird leider auf weite Strecken nur mit ihren Ernährungsratschlägen und Heilmitteln verbreitet, das Wichtigste aber wird achtlos auf der Seite liegen gelassen, ihre aus der inneren Schau gewonnene Gewissheit der Erlösung des Menschen, die ihr ganzes Werk durchzieht.

„Im gesamten Planen und Vorherwissen Gottes war das der Gipfel der höchsten Liebe, dass der Sohn Gottes in seiner Menschheit den verlorenen Menschen heimführte in das himmlische Reich."
(LDO)

Es ist hier leider nicht der Ort, um die Geheimnisse der Erlösung näher zu erläutern. Ich weiß aber, dass die Ängste und Sorgen der Menschen nur von der Erfahrung der bedingungslosen Liebe Gottes her aufgefangen werden können. ***„Gott liebt den gefallenen Menschen mehr als den Menschen im leuchtenden Urzustand, weil er mehr Barmherzigkeit braucht."*** Hildegard hört in ihrer Schau, wie der Mensch jubelt, wenn er auf die Sehnsucht der Seele hört. Und das ist völlig unabhängig davon, wie alt der Mensch ist.

„Stimmt der Mensch bisweilen mit den Sehnsüchten der Seele überein, dann brennt er ganz und gar in der Gottesliebe. Und so fliegt er von Tag zu Tag im Frohsinn ewiger Freude."
(LDO)

Die Seele altert nicht, sie ist unsterblich

Wir sind am Ende dieses Buches angekommen. Bei der Umfrage nach der Akzeptanz des Satzes: „Die Seele altert nicht", erhielt ich von gläubigen Christen immer die Antwort: „Das stimmt, denn die Seele ist ja unsterblich." Hildegard schaut:

„Und wie in der Winterkälte die Grünkraft, das Blühen und Reifen aller Früchte schwinden, so vergeht der Mensch durch den Tod mit all seinen guten und bösen Taten. Wer aber in seiner Kindheit, seinem Erwachsenensein und Greisenalter gute Werke glücklich vollendet hat, dessen Seele steigt mit diesen Werken leuchtend und wie mit kostbaren Edelsteinen geschmückt empor vor das Angesicht Gottes; und der Leib, der durch sie wirkte, kann kaum erwarten, dass sie in der lieblichen Wohnstatt zusammen wohnen."
(LDO 1/4)

Hildegard sagt, genauso wie Paulus, dass der Leib eine Umwandlung zu einem geistigen Leib erfahren wird.
Darüber, was nach dem Tod kommt, gibt es konträre Auffassungen. Wenn man den Umfragen glauben darf, dann nehmen mehr als 50 Prozent unserer Bevölkerung an, dass es kein Weiterleben nach dem Tod gibt. Viele Todesanzeigen bestätigen das. Es ist die Rede vom Weiterleben in der Erinnerung, in seinem Werk, in der Liebe der Angehörigen, die (angeblich) immer bleibt, aber nicht vom persönlichen Weiterleben. Bilder von Sonnenuntergängen, vom weiten Meer, von Lichtstrahlen – sie alle künden von einer Sehnsucht nach Ewigkeit. Mehr als peinlich wird es aber, wenn

Goldschmuck als Stück für die Ewigkeit oder der Sieg eines Fußballvereins als ein Sieg für die Ewigkeit gefeiert wird. Die Ewigkeit treibt die Menschen um, seit es Menschen gibt. Schon die frühesten uns bekannten Kulturen kennen Beerdigungsriten, in denen der Verstorbene mit Essen und Trinken versorgt wird. In vielen frühen Kulturen entwickelte sich der Glaube an eine Reinkarnation (Seelenwanderung), der auch bei uns wieder Anklang findet.
Angesichts des sicheren Todes ist eine tiefsitzende Lebensangst der ständige Begleiter des Menschen, die sich bei jeder Krankheit meldet. Kann uns die Vorstellung eines Weiterlebens trösten? Oder kann sie uns helfen bei der Frage nach einem Sinn des Lebens? Könnte es eine Antwort geben, wenn das Leben enden würde im Sarg oder in der Urne?

Seit einigen Jahrzehnten melden sich Menschen, die sogenannte „Nahtoderfahrungen" gemacht haben, die – wie sollte es anders sein – umstritten sind. Ein außergewöhnlicher Bericht stammt von dem amerikanischen Neurochirurgen Dr. med. Eben Alexander, in seinem Buch „Blick in die Ewigkeit" (Verlag Ansata). Er resümiert: „Zu denken, diese physische Welt sei alles, worauf es ankommt, ist etwa so, als sperrte man sich selbst in einen kleinen Schrank ein und meinte, es gäbe außerhalb davon nichts anderes ... ‚Ich war blind, und jetzt kann ich sehen', bekam eine ganz neue Bedeutung, denn ich verstand auf einmal, wie blind wir auf der Erde für die umfassende Natur des spirituellen Universums sind ... Als ich in mein Koma fiel, war ich ein ganz und gar weltlicher Arzt ... Die Kämpfe und Leiden in der gegenwärtigen Welt ... können die größeren ewigen Wesen, die wir in Wahrheit sind, nicht berühren ... Am Ende des Tages muss jeder Einzelne von uns durch Gebet oder Me-

ditation tief in sein eigenes Bewusstsein hinabsteigen, um Zugang zu diesen Wahrheiten zu bekommen ... Mit Gott zu kommunizieren ist die außergewöhnlichste Erfahrung, die man sich vorstellen kann. Aber es ist gleichzeitig die natürlichste Erfahrung von allen, weil Gott jederzeit in uns allen ist. Allwissend, allmächtig, persönlich – und er liebt uns bedingungslos ...“ (S. 210–217)
Diese Worte bringen uns ganz nahe an die prophetische Schau der Heiligen Hildegard. Der Mensch ist für das Leben geschaffen und nicht für den Tod. Wozu soll ein Mensch reifen, Erfahrungen sammeln, Güte und Wohlwollen ausstrahlen, wenn alles in das Nichts zerfällt? Das alles hat nur einen Sinn, wenn die Seele unsterblich ist.

Die Seele nimmt ihre Taten mit

Warum wohl wurde in unserer Zeit das Weiterleben der Seele aus dem Vokabular der Lebensphilosophien gestrichen? Ich vermute, weil der Mensch nicht gerade stehen will für seine Taten. Wer sich jetzt aber aus diesem Grund dem Buddhismus zuwendet, findet dort genau dieselbe Lehre: Wenn ein Mensch im Sterben liegt, dann wird er so lange wie möglich bei Bewusstsein gehalten, damit er durch Meditation seinen inneren Zustand durch gute Gedanken reinigen kann. Denn wenn er Böses getan hat, schafft er sich ungünstige Voraussetzungen – einen schlechten Mutterschoß – für seine nächste Inkarnation. Auch dieses Wissen der Verantwortlichkeit für die begangenen Taten scheint der Seele eingegeben.

Hildegard sieht in einer Vision, wie eine Seele, wenn die Zeit der Auflösung ihrer „Wohnung“ (Körper) bevorsteht, *„seufzend und trauernd aus ihrer Wohnstatt aufbricht. Sie lässt sie unter großem Zittern zerfallen aus Furcht vor dem bevorstehenden Gericht des himmlischen Richters, weil sie dadurch die Bedeutung ihrer Werke durch das gerechte Urteil Gottes wahrnehmen wird.“* Hildegard stimmt hier mit vielen Theologen überein, dass die Seele selbst vor dem Licht der Liebe Gottes ihre schwarzen Stellen sieht. *„Deshalb kommen ... lichte und dunkle Geister, die Begleiter ihres Lebenswandels ... Sie erwarten ihre Auflösung, um sie mit sich zu nehmen.“*

Wer ehrlich zu sich selbst ist, weiß, dass unser Tun an uns klebt wie Pech – oder wie Gold. Das Märchen von Goldmarie und Pechmarie hat einen tiefen Wahrheitsgehalt, wie übrigens alle Märchen. Auch jene Menschen, die einem gerechten Richter aus dem Weg gehen wollen, tragen ihre Erkennungsmarken mit sich, ob sie wollen oder nicht. Es ist also nicht die Willkür eines strafenden Gottes, sondern die Folge unserer Taten, die über unser ewiges Schicksal entscheidet.

Das besondere „Alleinstellungsmerkmal“ der Botschaft Jesu Christi besteht darin, dass der Mensch, so lange er auf dieser Erde lebt, sich Gott zuwenden und seiner Barmherzigkeit gewiss sein kann. Wenn der Mensch den „lebensgefährlichen Trend“ in seinem Tun erkennt, dann hat er die Möglichkeit, sich vom Bösen abzuwenden, Gutes zu tun und Gott zu bitten, ihm zu helfen.

„Dann bedenke, dass der himmlische Vater seinen eingeborenen Sohn nicht geschont, sondern ihn zu deiner Erlösung gesandt hat, und bitte Gott, er möge dir zu Hilfe

eilen. Und er erhört dich und sagt: ‚Diese Augen gefallen mir‘, und er erhört deine Bittrufe überall ... Daher widerstehe den Begierden deines Fleisches, und Gott wird dir beistehen ... Dein Vater will nämlich, dass du laut rufst, weinst und um Hilfe flehst, damit du nicht im Schmutz der Sünden bleibst ... Der gläubige Mensch aber soll seinen Schmerz bedenken und einen Arzt (Christus) aufsuchen, bevor er in den Tod stürzt.“

Mit dem hier genannten Tod ist der Tod der Seele gemeint, die ins ewige Verderben stürzen kann.
„Wer nicht glauben will, ist tot.“ Dasselbe meint Jesus, wenn er sagt: „Lass die Toten ihre Toten begraben.“ Aber so lange der Mensch lebt, hat er die Möglichkeit, einen neuen Weg einzuschlagen.
Dazu brauchen wir aber Gottes Hilfe. In einem ergreifenden Appell erfahren wir im obigen Hildegard-Text, wie Gebet aussehen soll: laut rufen, weinen und um Hilfe flehen! Nur dieses Gebet, das durch das Herz gegangen ist, kommt bei Gott an, sagt Hildegard. Wundern wir uns, dass unsere Gebete oft nicht erhört werden?

Wenn die Seele den Leib verlässt

„Der Mensch, der vernünftig handelt, weiß, was dem Leben dient. Er weiß aber genauso, was für Seele und Leib tödlich ist, und er erfasst durch seine Vernünftigkeit die richtigen Wege, die zum Leben führen.“

Wege suchen, die zum – ewigen – Leben führen, das ist die Aufgabe der vernünftigen Seele. Sie erfasst in jedem

Lebensalter, was der Mensch braucht, kann aber aufgrund von *„Mühen und Bedrängnissen und durch verschiedenartige Eigenschaften von Speisen und Getränken beschädigt und ermüdet werden, sodass sie ihre Lebensregungen deutlich zurücknimmt ... Und so liegt die Seele bedrückt im Leib und wartet voll Zweifel, ob sie den Leib verlassen oder in ihm bleiben soll ... und wenn sie dann nicht spürt, dass ihr Gottes Gnade dabei hilft, unterliegt sie besiegt und verlässt nach Gottes Ratschluss den Leib"* (CC Nr. 349).
Die Dinge, die „nur" für den Leib tödlich sind, scheinen uns gravierender zu sein, als jene, die auch die Seele töten können wie etwa die Gottvergessenheit. *„Warum fürchtest du nicht den schrecklichen Tod der Seele?"* Können oder wollen wir nicht sehen? Wir scheinen oft blind für die entscheidenden Wirklichkeiten des Lebens. Hildegard sieht, dass Gott jenen Menschen auf dieser Welt lässt, solange er noch genügend seelische und leibliche Kräfte besitzt, um Gutes zu tun. Uns scheint es auch so, als ob manche Menschen noch hier sind, weil sie noch eine seelische Reifungszeit benötigen und auch die Kräfte besitzen, diese Aufgabe zu lösen. Das kann für ihre Umgebung oft auch eine Bewährungsprobe für Geduld und Nachsicht sein, für die sie Gottes Hilfe benötigen. Hildegard sagt: Wenn Gott aber sieht, dass ein Mensch in seinem Leben viel Gutes getan hat, er jetzt aber wegen nachlassender Kräfte nichts mehr tun kann, dann nimmt er ihn von dieser Welt weg.

„Also, ihr Gläubigen, lauft unter den Geboten Gottes, und die Verdammnis des Todes soll euch nicht ergreifen. Eifert dem neuen Adam nach und werft den alten Menschen ab. Denn für den, der läuft, steht das Reich Gottes offen, für den aber, der auf der Erde liegen bleibt, ist es verschlos-

sen … Daher soll jeder, der Erkenntnis im Heiligen Geist und Flügel im Glauben hat, diese meine Mahnungen nicht übergehen, sondern er soll sie annehmen, indem er sie im Verkosten seiner Seele umfasst.“

(Sc. 1/4)

Praktische Tipps, damit die Seele auch im Alter gern in ihrem Leib wohnt

„Wenn die Seele jung ist, ist alles in Ordnung.“
Popow, der Clown

„Im Lauf der Jahre macht die Seele durch gute Werke in der Entwicklung Fortschritte.“ Der Mensch lernt dann nicht nur, seine Aufgabe an und mit der Welt, sondern auch sich selbst immer besser zu verstehen. Dazu gehört, auf die Signale seines Leibes zu hören. Dann weiß die Seele, was für ihn gut ist.

Mittel zur Stärkung und Heilung

Hildegard von Bingen hat Erkenntnisse über die Kräfte, die Gott in die Natur gelegt hat zum Heil und zur Heilung für Leib und Seele. Je früher man seine Lebensführung darauf einstellt, desto besser kann der Organismus gesund und funktionsfähig erhalten werden. Die Seele hat aber ihre liebe Mühe mit den verschiedenen Wünschen und Gelüsten des Leibes. Hildegard weist immer wieder darauf hin, wie wichtig Speise und Trank für die Funktionsfähigkeit der Organe sind, nicht erst im Alter. Sie gibt uns dafür die notwendigen Hinweise; besonders bekömmliche Nahrungsmittel sind: Dinkel, Edelkastanien, Kürbis, Zucchini, Fenchel, Ziegenfleisch, Quitten.
Wenn mit den zunehmenden Jahren die Organe verbrauchter und müder geworden sind, können die Hildegard-Mittel

als tägliche Begleiter für ein gutes Befinden sorgen und dazu beitragen, dass manches Medikament nicht nötig wird.
Im Folgenden sind einige natürliche Heilmittel angeführt.

Dinkel *„schafft rechtes Fleisch und Blut, er macht frohen Sinn und Freude im Gemüt des Menschen. Er heilt den Menschen innerlich wie eine gute und gesunde Salbe."*
Fenchel, hat eine angenehme Wärme, macht den Menschen fröhlich, mindert den Schleim und gibt eine gute Verdauung.
Bertram, ein wohlschmeckendes Gewürz, vertreibt und verhindert Krankheiten, mindert die Fäulnis, vermehrt das gute Blut und bereitet dem Menschen einen klaren Verstand und gute Verdauung.
Quendel, im Essen mitgekocht, heilt das Fleisch von innen heraus.
Esskastanien sind sehr nützlich gegen jede Schwäche, die im Menschen ist.

Zur Stärkung von Herz und Kreislauf

Das Herz wird belastet durch unmäßiges und nicht bekömmliches Essen, besonders aber durch negative Gefühle und Sorgen. Durch folgende Mittel kann es gekräftigt werden.

Galgant, als Pulver ein scharfes Gewürz, stärkt das Herz und fördert die Durchblutung, wirkt krampflösend und entzündungshemmend. Kann auch tagsüber als Tabs genommen werden.
Petersilien-Honig-Wein: 8–10 Stängel Petersilienkraut in 1 l Wein und 2 EL Weinessig kochen, danach 120 g Honig

zugeben und abgießen. Zur Stärkung von Herz und Kreislauf und bei Wasseransammlungen im Gewebe.

Jaspis-Stein: *„Wer am Herzen oder in den Lenden oder einem andern Teil des Körpers Schmerzen hat, der lege den Jaspis auf jene Stelle und drücke ihn, bis er dort warm wird, und die Schmerzen werden weichen, weil die gute Wärme und die gute Kraft jene unrichtig warmen und kalten Säfte heilt und beruhigt."*

(Physica, 4/10)

Atmungsorgane

Viele Heilmittel gibt es für die Atmungsorgane. Ganz wichtig ist, über den Tag verteilt tief frische Luft zu holen, beginnend nach dem Aufstehen, denn durch die flache Atmung werden die Organe geschwächt und anfällig. Singen ist für Seele und Leib ein wunderbares Heilmittel.

Hirschzungenfarn-Wein: *„Die Hirschzunge (Farn) ist warm und in Wein gekocht hilft sie der Leber und reinigt die Lunge, heilt die schmerzenden Eingeweide, nimmt die innere Fäulnis und den Schleim weg"* (Physica 1/30).

Die Wirkung ist vielfach erprobt. Kann käuflich erworben oder selbst hergestellt werden.

Dazu 20 g Hirschzungenfarnkraut in 1 Liter Weißwein 5 Minuten lang kochen. Etwa 100 g Honig zufügen und nochmals aufkochen lassen. 10 g Langer Pfeffer und 20 g Zimtrinde pulverisieren und in den Wein geben und noch einmal aufkochen lassen. Die Kräuter abseihen, das Elixier möglichst heiß in Flaschen füllen und kühl und dunkel aufbewahren. Angebrochene Flaschen im Kühlschrank aufbewahren.

Man nehme täglich davon morgens nach dem Frühstück, mittags und abends vor und nach dem Essen je ein Likörglas voll (möglichst angewärmt). Je nach Schwere der Krankheit vier bis acht Wochen anwenden.

Wermutöl: Wermutsaft wird in Olivenöl gegeben. Die Brust damit einreiben bei Husten und Bronchitis; es lindert schnell den Hustenreiz und löst den Schleim.

Kräuterwein: Bei Heiserkeit und Schmerzen in der Brust Königskerzenblüten und -blätter und Fenchelsamen in gleichem Gewicht in gutem Wein kochen, durch ein Tuch seihen und oft trinken. Es hilft erstaunlich schnell und gut.

Fenchelkraut: Bei Schnupfen Fenchelkraut und viermal so viel Dillkraut in einer heißen, nicht gefetteten Bratpfanne unter ständigem Wenden erhitzen und zum Rauchen bringen und mit Mund und Nase einatmen; danach kann man diese Kräuter mit Brot essen.

Salbeiblätter entweder im Wein kochen oder pulverisiert auf Brot essen; vermindern den Überfluss der schlechten Säfte. Bei Schnupfen die Blätter in die Nase stecken und atmen, damit sie wieder frei wird.

Pelargonienpulvermischung (Grippepulver) bei beginnender Erkältung: Mit der Zunge von der Hand lecken, zusammen mit Galgant in warmen Wein geben oder in Pfannkuchen mitbacken.

Ölige Rebtropfen bei Ohrenschmerzen, bei Mittelohrenentzündung (auch bei Kindern) sehr bewährt: mehrmals täglich um das Ohr herum einreiben. Nie ins Ohr hinein.

Einfache Rebtropfen bei trockenen und schmerzenden Augen auf die Augenlieder auftragen.

Rückenschmerzen und Gelenkschmerzen

Wermutsalbe: Unter Wärme, am besten vor einem Holzfeuer, die schmerzenden Stellen einreiben und warm halten. Sie wirkt innerhalb kurzer Zeit schmerzlindernd. Die Salbe sollte im Kühlschrank aufbewahrt werden.
Weizenpackung: Sehr gute Wirkung auch bei starken Rückenschmerzen, allerdings etwas aufwendig in der Durchführung. Weizenkörner weichkochen, ca. 1 cm dick in ein Säckchen füllen, auf die schmerzende Stelle legen bzw. sich darauf legen. Plastikfolie unter das Säckchen legen. Etwa eine Stunde mit der Weizenpackung in einer Wolldecke eingepackt ruhen. Danach Säckchen entfernen und eingepackt liegen bleiben. Mindestens drei Tage hintereinander anwenden. Nach dem ersten Mal kann eventuell eine Verschlechterung eintreten. Während der Behandlung ist Schonung angeraten.

Verschiedene Beschwerden

Brennessel-Öl (Gedächtnisöl): Vor dem Schlafengehen das Brustbein und dann beide Schläfen einreiben. Bei häufiger Anwendung wird die Vergesslichkeit nachlassen.
Veilchensalbe hat sich bewährt bei Wunden, Hautkrankheiten und verschiedenartigsten Geschwüren und Geschwulsten. Bei offenen Wunden immer nur um die Wunde herum einreiben.
Amethyst (Halbedelstein): Bei Schwellungen durch Stoß oder Schlag, entzündlichen Hautrötungen und Insektenstichen den Stein mit Speichel befeuchten und die betroffene Stelle häufig bestreichen.

Bergkristall: Bei Magenschmerzen den Stein in die Sonne legen, eine Stunde in Wasser legen und das Wasser über den Tag verteilt trinken.

Wermutwein: *„Er klärt die Augen, stärkt das Herz, wärmt den Magen, stärkt die Lunge, reinigt die Eingeweide und bereitet eine gute Verdauung. Er ist der große Meister gegen Melancholie und Erschöpfung."* (Physica)

Ein Universalmittel zur Stärkung der inneren Organe. Kann fertig bezogen oder selbst hergestellt werden:

Dazu auf einen Liter guten Weißwein etwa 100 g Honig geben und bis zum Kochen erhitzen, ein Schnapsgläschen Saft von frisch entsafteten Wermutblättern dazugeben, verrühren, bis der Schaum weg ist, etwa 120 g Honig zufügen und gut mit dem Wein verrühren. Möglichst heiß in die Weinflasche zurückfüllen und verschließen. Kühl und dunkel aufbewahren. Davon von Mai bis Oktober jeden dritten Morgen nüchtern ein Likörglas voll trinken.

Gelöschter Wein ist ein unschädlicher Beruhigungstrunk. Ein knapp volles Teeglas Rotwein bis zum Kochen bringen und dann mit einem Schuss kalten Wasser abschrecken. Es ist so, als wenn wir uns mit einem vor Wut roten Kopf unter die kalte Dusche stellen! Er löscht die Reste von Ärger aus. Hat sich als Schlaftrunk bewährt.

Bezugsquellen für Heilmittel nach Hildegard von Bingen

JURA Naturheilmittel (JURA Chema Konstanz GmbH)
Nestgasse 2
D-78464 Konstanz
www.hildegard.de

St. Hildegard-Posch GmbH
Am Weinberg 23
A-4880 St. Georgen im Attergau
Österreich
www.hildegardvonbingen.at

Zähringer Apotheke Konstanz
Zähringerpl. 17
78464 Konstanz
hildegard-vertrieb-breindl.de

Epilog: Im Alter die Ernte einfahren

„Ich sättige ihn mit langem Leben und will ihm erweisen mein Heil."
Psalm 39

Am Ende dieses Buches will ich versuchen, Bilanz zu ziehen. Ich bin jetzt 86 Jahre alt und weiß, dass meine Seele nicht gealtert ist. Ich weiß auch, dass ich damit glücklicherweise nicht alleine bin. Ich weiß natürlich genauso gut, dass mein Leib 86 Jahre alt ist und entsprechend behandelt werden will, wenn ich mein Leben weiterhin als gesegnet und erfüllt erleben will.

- Ich bin sehr dankbar, dass ich auf den Namen Hildegard getauft wurde. Leider habe ich erst im 50. Lebensjahr von dieser wunderbaren Frau erfahren. Dadurch bekam mein Leben eine unerwartete, neue Orientierung, die ich nie mehr missen möchte.

- Mein katholischer Glaube war schon von Kind auf in mir verwurzelt. Ich konnte aber nicht ahnen, welche Tiefe und Weite durch die visionäre Schau Hildegards auf mich warteten. Die Schau der großen Zusammenhänge von Welt, Kosmos, Mensch und Gott ist einfach genial und, da bin ich mir sicher, sie kann unmöglich von einem Menschen ausgedacht sein.

- Unsere Lebensführung und Lebenseinstellung haben sich gründlich geändert. Weil mein Mann und ich damals gesundheitlich angeschlagen waren, bestand die Notwendigkeit und Möglichkeit, Hildegards Heilkunde in Ernährung und Heilmitteln praktisch zu erproben. Und sie hat dieses Examen mit Bravour bestanden. Weil ich bis heute keine pharmazeutischen Medikamente benötige, bin ich für die Ärzte eine „Rarität".

- Obwohl ich als Sozialarbeiterin und Diplom Heilpädagogin ausgebildet bin, oder vielleicht gerade deswegen, wurde mein Verständnis der Menschen um viele Dimensionen erweitert. Das schließt auch eine vertiefte Selbsterkenntnis ein. Ich erhielt dadurch immer wieder Hilfen zur Bewältigung von Konflikten und Problemen.

- Ein besonderer Lichtblick ist ein bisher nicht gekanntes Erspüren der Schöpfung; wie Hildegard sagt, „geht ein Weg vom Herzen des Menschen zu allen Elementen". Zu wissen, dass ein liebender Vater das alles mit nicht fassbarer Liebe und Fantasie für uns Menschen geschaffen hat, erfüllt mich immer wieder mit Freude, Dankbarkeit und Staunen.

- Entscheidend ist für mich geworden, mit welcher Klarheit und Sicherheit die heilige Hildegard die Geheimnisse Gottes schauen durfte. Ihr ganzes umfassendes literarisches Werk ist in seiner Universalität wie aus einem Guss. Der rote Faden ist die Heilige Schrift, deren tiefster Sinn ihr offenbar wurde. Der Angelpunkt ist die Menschwerdung des Wortes Gottes in Jesus Christus, der in seiner Selbsthingabe den verlorenen Menschen aus dem Dunkel seiner Egozentrik befreit hat. Hildegard ringt um Worte, um diese Liebe zu beschreiben.

- Ich wünsche möglichst vielen Menschen diese Beheimatung in der Gottesschau der heiligen Hildegard. Sie gibt Sicherheit, Geborgenheit und eine tiefe Freude. Mit Gottes Hilfe kann die Seele im Laufe des Lebens reich werden an Erkenntnis und Weisheit.

Die Seele altert nicht.
Sie lebt in der „Grünkraft der Ewigkeit“.

Lektüreempfehlungen

Werke der Hildegard von Bingen

CC	=	Causae et curae – Ursprung und Behandlung von Krankheiten, Beuroner Kunstverlag
H.S.	=	Heilkunde, Übersetzung und Interpretation des CC durch Heinrich Schipperges, Otto Müller Verlag, vergriffen
LDO	=	Liber Divinorum Operum – Buch der göttlichen Werke
LVM	=	Liber Vitae Meritorum – Das Buch der Lebensverdienste, Beuroner Kunstverlag
Ph	=	Heilsame Schöpfung – die natürliche Wirkkraft der Natur. Physica, Beuroner Kunsterverlag
Sc	=	Liber Scivias – Wisse die Wege, Beuroner Kunstverlag
LDO	=	Das Buch vom Wirken Gottes – Liber Divinorum Operum, Beuroner Kunstverlag

Lesetipp:
weitere Bücher von Hildegard Strickerschmidt

Hildegard von Bingen: **Vergiss nicht, dass du Flügel hast – Heilende Gedanken.** 80 Seiten, 12,5 x 19,5 cm, gebunden, ISBN 9783746241708, St. Benno Verlag, Leipzig

Hildegard von Bingen: **Jahreskreis & Lebenskreis – Ein Ratgeber für Leib & Seele.** 144 Seiten, 20 × 22,5 cm, gebunden, durchgehend farbig gestaltet, mit zahlreichen Farbfotos, ISBN 9783746244594, St. Benno Verlag, Leipzig

Hildegard von Bingen: Heilung an Leib und Seele – Praktische Ratschläge zur positiven Lebensgestaltung. 144 Seiten, 20 x 22,5 cm, gebunden, durchgehend farbig gestaltet, mit zahlreichen Farbfotos, ISBN 9783746248370, St. Benno Verlag, Leipzig

Fasten mit der heiligen Hildegard – 40 Impulse für Leib & Seele. 80 Seiten, 21 × 22,5 cm, Spiralbindung, durchgehend farbig, mit zahlreichen Farbfotos, mit stabiler Rückwand zum Aufstellen oder zum Aufhängen, ISBN 9783746248882, St. Benno Verlag, Leipzig

Fotonachweis

Seite 6: © fotoaloja/Fotolia.de
Seite 10: © Klaus Strickerschmitt
Seite 12: ©.shock/Fotolia.de
Seite 16: © Lipatova Maryna/Shutterstock.com
Seite 20: © DoraZett/Fotolia.de
Seite 34: © Ermolaev Alexander/Shutterstock.com
Seite 50: © Violetta Honkisz/Shutterstock.com
Seite 54: © OOOlga/Shutterstock.com
Seite 58: © ded/Fotolia.de
Seite 74: © lkunl/Fotolia.de
Seite 94: © Fotoschlick/Fotolia.de
Seite 106: © Tymur Korkishko/Shutterstock.com
Seite 114: © Johanna Mühlbauer/Fotolia.de
Seite 122: © mirpic/Fotolia.de